COUP D'ŒIL

SUR LA

TYPOGRAPHIE ET LA LIBRAIRIE

A L'EXPOSITION UNIVERSELLE DE 1855,

PAR

M. GUIRAUDET, président de la Chambre des Imprimeurs de Paris,
et membre de la Société des Ingénieurs civils.

————

(Extrait des Mémoires de la Société des Ingénieurs civils.)

1857

COUP D'ŒIL

SUR LA

TYPOGRAPHIE ET LA LIBRAIRIE

À L'EXPOSITION UNIVERSELLE DE 1855,

PAR

M. GUIRAUDET, président de la Chambre des Imprimeurs de Paris,
et membre de la Société des Ingénieurs civils.

I. — INTRODUCTION.

Revue rapide de l'histoire de l'imprimerie.

Trois phases importantes marquent les progrès des connaissances humaines : le langage, exprimant la pensée ; l'écriture, peignant la parole ; l'imprimerie, multipliant les signes de la pensée.

Un langage étant créé, on voulut parler aux absents, rappeler d'une manière sensible ce que l'on avait intérêt à ne pas oublier : de là d'abord l'écriture symbolique, demeurée la seule écriture des Égyptiens pendant des siècles.

Bientôt on sentit le besoin de peindre les sons de la voix, et ce besoin donna naissance à l'écriture phonétique, composée de signes ou lettres dont la réunion forma l'alphabet. On en attribue généralement l'invention aux Phéniciens, qui la portèrent en Égypte. C'est seulement cinq cents ans après que de là elle fut importée en Grèce.

Les anciens Grecs écrivirent d'abord en boustrophédon, c'est-à-dire à la manière dont les bœufs, en labourant, tracent les sillons. Après une ligne de droite à gauche venait une ligne de gauche à droite, puis encore une de droite à gauche, et ainsi de suite. Plus tard, les Grecs n'écrivirent plus que de gauche à droite.

Les caractères abréviatifs, espèce de sténographie dont l'origine est plus ancienne qu'on ne le suppose, sont les premiers pas vers l'expression plus rapide de la pensée. En premier lieu viennent les sigles, dont firent usage d'abord les Hébreux, puis les Grecs; les Romains employèrent les notes tironiennes, inventées par Tiron, affranchi de Cicéron, au moyen desquelles on écrivait aussi vite que l'on parlait. Mais la multiplicité et l'abus des sigles comme des notes tironiennes jetèrent la plus grande obscurité dans les noms propres et dans les textes, et produisirent ces variantes infinies qu'on retrouve dans les anciens manuscrits. L'alphabet seul peut exprimer clairement et complétement la pensée.

L'écriture inventée, par elle tous les fruits de l'intelligence furent moins exposés à la destruction et purent être transmis d'âge en âge. Néanmoins, quel qu'ait été le nombre des copies des œuvres dues aux génies qu'ont produits la Grèce, Rome et les autres nations éclairées, les injures du temps, la méchanceté, le faux zèle, le fanatisme, ne les ont laissées parvenir jusqu'à nous qu'en partie et mutilées : c'est que l'imprimerie n'existait pas encore!

Lorsque apparut cet art, cette seconde délivrance de l'homme, comme l'appelle Martin Luther, l'Europe entière était pour ainsi dire plongée dans une complète ignorance. Reléguée dans les monastères, et se composant uniquement de théologie et de faibles notions de physique et d'astronomie, la science ne méritait guère ce nom. Dix ans sont à peine écoulés depuis la découverte de l'imprimerie, et déjà en Allemagne, dans les Pays-Bas, en Hongrie, en France, on imprime toutes sortes de livres..... Bientôt Venise nous envoie les belles éditions latines des Alde, correctes, très bien imprimées, et dont, au témoignage de Renouard, l'apparition fut aussi ressentie que le passage des manuscrits aux imprimés. On fouille les cloîtres, on en exhume les manuscrits qui y étaient ensevelis jusqu'alors, et les manuscrits grecs ne sont pas recherchés moins avidement que les latins; eux aussi reçoivent les bienfaits de l'imprimerie, et à leur tour sont multipliés à l'infini. C'est ainsi que les modèles de l'antiquité sont remis en honneur, compulsés, étudiés, commentés et traduits; les grammairiens, les orateurs, les poëtes, s'abreuvent aux sources pures des deux littératures anciennes ; les principes du goût, les secrets de la science, révélés chaque jour et soigneusement expliqués, développent la raison, la mémoire, et rendent désormais la marche de l'esprit humain incessamment progressive.

La xylographie (gravure sur bois) mit certainement sur la voie de l'imprimerie typographique. Par ce procédé on publia des cartes et des images accompagnées de quelques lignes de texte, puis des pages entières, des livres, tels que le *Speculum humanæ salvationis*, l'*Ars moriendi*. Pour transformer ces caractères fixes en caractères mobiles, il n'y avait qu'à les diviser, les isoler... Pourtant bien des années s'écoulèrent avant que fût fait ce pas, qui devait conduire à l'art.

Cicéron touchait du doigt le procédé des caractères mobiles, lorsque, réfutant le système d'Épicure, qui prétend que le monde a été formé par le concours fortuit des atomes, il dit « qu'il ne voit pas pourquoi celui qui croirait cela possible ne croirait pas qu'une quantité de caractères d'or ou autre matière, représentant les vingt et une lettres, jetés à terre, pourraient tomber arrangés de telle sorte qu'ils formeraient lisiblement les annales de l'empire ».

Mentionnons deux procédés comme se rapprochant de l'impression en caractères mobiles.

Le premier est celui employé au ive siècle pour l'exécution du manuscrit, chef-d'œuvre de patience, intitulé *Evangile d'Ulphilas*. Ce manuscrit, en caractères d'or et d'argent, fut imprimé lettre à lettre avec des types de métal isolés, appliqués sur un vélin de couleur pourpre, à l'aide d'une chaleur modérée, à peu près comme le font aujourd'hui les relieurs pour fixer les lettres sur le dos des livres.

Le second, mentionné par le docteur chinois Tchin-Kong, est attribué à un forgeron nommé Ps-Ching, qui le pratiqua vers l'an 1040. Ce procédé consiste dans la réunion de cachets en terre cuite sur lesquels il gravait des caractères, cachets qu'il assemblait à l'aide d'un mastic dans lequel il les enfonçait au moyen d'une pression régulière. Il désassemblait ensuite la planche en faisant fondre au feu le mastic qui maintenait les types.

L'impression tabellaire avait aussi été pratiquée en Chine longtemps avant qu'elle fût en usage dans aucun autre pays. Mais l'Europe, qui n'avait aucune relation avec cet empire éloigné, n'avait pu avoir connaissance des procédés d'impression qui y étaient employés.

Ce n'est que de son génie que Guttemberg a tiré son invention, pour laquelle il manquait de toute donnée, comme le prouvent les nombreux essais qu'il lui fallut faire pour la compléter, à l'aide de Schæffer, qui, en imaginant les poinçons destinés à frapper les matrices, mit le sceau à la découverte.

Les premiers livres imprimés que Fust envoya de Mayence à Paris se vendirent très cher. On les prit pour des manuscrits; mais les copistes ne s'y trompèrent pas; effrayés pour leur industrie, ils obtinrent du parlement que tous les livres venus de l'étranger fussent confisqués. On prétendit que les ornements en encre rouge étaient tracés avec du sang; et Fust, qui était venu lui-même à Paris, fut accusé de magie et emprisonné. Mais, sur un ordre de Louis XI, il fut mis en liberté et remboursé du prix des ouvrages confisqués.

Le premier établissement typographique, à Paris, y fut fondé en 1470 par trois Allemands : Gering, Crantz et Friburger. Les Épîtres de Gasparin de Bergame sont le premier ouvrage sorti de leurs presses; livre fort imparfait; mais, trente ans plus tard, Gering imprima le *Corpus juris canonici*, regardé comme une merveille de l'art.

Des calculs faits par M. Daunou établissent qu'avant 1501 l'imprimerie avait exécuté plus de treize mille éditions et répandu dans l'Europe plus de quatre millions de livres.

Le xvi° siècle, justement appelé le siècle de la science, commence pendant le règne de Louis XII. Tout le grand mouvement qui le signale était dû à l'imprimerie, dont à aucune époque les progrès ne furent plus remarquables. Les caractères deviennent plus lisibles;

les livres portatifs sont enrichis d'ornements ; ils trouvent des lecteurs dans les classes où ils n'avaient pas encore pénétré. Des chefs-d'œuvre sont produits en France par les Estienne, en Italie par les Alde, en Hollande par les Elzevir. De cette époque date à Paris l'impression des livres grecs et des livres hébreux. Louis XII , « en considération du grand bien advenu au moyen de l'imprimerie », exempte d'impôts le corps des imprimeurs. François Ier, l'un des princes auxquels l'imprimerie est le plus redevable, confirme tous ses priviléges et immunités , et va jusqu'à exempter les imprimeurs du service des gardes bourgeoises , de peur que ce service ne les trouble et ne les engage à abandonner leur profession.

Louis XV avait fait établir aux Tuileries un atelier typographique, où il composa et imprima un petit ouvrage intitulé : *Cours des principaux fleuves et rivières de l'Europe.* Dans sa jeunesse, Louis XIV imprima de sa main plusieurs exemplaires de la première feuille des *Mémoires de Philippe de Commines ;* et Louis XVI, à peine âgé de douze ans , imprima de sa main les maximes morales et politiques tirées de *Télémaque.* .

Pour grouper ensemble des faits analogues, disons tout de suite que la veuve de l'infortuné duc d'Orléans , fils aîné de Louis-Philippe , voulant que le comte de Paris fût initié à l'art typographique, avait fait installer au château des Tuileries un petit matériel d'imprimerie. Le jeune prince composait et imprimait chaque année quelque petite monographie historique, géographique ou généalogique , qu'il offrait à sa mère le jour de l'anniversaire de sa naissance.

Par un décret de l'Assemblée constituante , qui abolit les corporations, la chambre syndicale des imprimeurs se trouva supprimée. Bientôt l'Assemblée nationale, dans sa déclaration des droits de l'homme, décrète que « tout citoyen peut parler, écrire, imprimer librement, sauf à répondre de l'abus de cette liberté ». A peine six semaines s'étaient écoulées , que Malouet signalait déjà les abus de cette liberté. Ses efforts et ceux de Sieyès pour obtenir des mesures répressives contre les calomnies des libelles des journaux étaient demeurés impuissants, lorsqu'il vint lire à la tribune un fragment de *l'Ami du peuple*, qui provoqua immédiatement un décret de l'Assemblée nationale ordonnant de poursuivre comme criminels de lèse-nation les auteurs et les imprimeurs d'écrits excitant à l'insurrection, à l'effusion du sang et au renversement de la Constitution.

Sous le Consulat, aucun changement à la législature de l'imprimerie; l'attention du public se portant tout entière sur le succès de nos armes, la polémique des journaux n'a plus le pouvoir de l'émouvoir. Ce discrédit du journalisme réagit sur l'imprimerie, et un grand nombre d'établissements se ferment.

En l'an ix, des six à sept cents imprimeurs qui existaient quelques années auparavant, on n'en comptait plus que trois cent quarante. La profession ne fit qu'y gagner, les travaux refluant dans les établissements survivants. L'art alors s'épure, on revient aux traditions des maîtres. Pierre Didot, installé au Louvre par le Directoire, y exécute sa magnifique édition in-folio de *Virgile*, qui excite l'admiration à l'exposition de l'an vi; du *Racine*, dédié au premier consul, et de l'*Horace*, qui, à l'exposition de l'an ix, fut proclamé le chef-d'œuvre de la typographie de tous les âges. Ces livres étaient sans fautes.

Sous l'Empire, dès 1808, trois projets d'organisation de l'imprimerie et de la librairie sont soumis au Conseil d'État. Aucun d'eux ne répondant à sa pensée, l'empereur Napoléon charge Fiévé de les examiner, d'en formuler un lui-même, au besoin, et soumet au Conseil d'État le travail de cet écrivain. Regnault de Saint-Jean-d'Angely et Bertier, d'accords pour la rédaction et la limitation du nombre d'imprimeurs, sont d'avis qu'elles ne s'opèrent que par le temps; mais Napoléon, qui reconnaît que l'imprimerie est un arsenal qu'on ne doit pas mettre entre les mains de tout le monde, un état qui intéresse la politique, et dont la politique doit dès lors être juge, veut que la réforme ait immédiatement son exécution. Au double point de vue de l'intérêt de la profession et de celui de la société, il dit que l'imprimerie n'est qu'une entreprise, ne comportant aucune spéculation , ne pouvant rien produire au delà d'un bénéfice prévu ; qu'elle ne peut faire vivre qu'un nombre d'individus, et qu'elle est une arme terrible qu'il ne faut pas laisser entre les mains de malheureux.

L'art alors resta stationnaire. Depuis les belles éditions imprimées au Louvre par Pierre Didot, en l'an ix, jusqu'à la fin de l'Empire, la typographie ne produisit aucune œuvre remarquable.

La Restauration fut une véritable époque de transformation pour l'imprimerie , dont les méthodes, après deux siècles et demi , étaient à peu près restées ce que les avaient faites les inventeurs. A partir de 1815, chaque jour signale un progrès. Les caractères présentent une coupe plus nette , des proportions plus régulières. Le moule polyamatype de Henri Didot est inventé, la stéréotypie se perfectionne et fournit des clichés parfaits. Les petites presses en bois font place aux presses en fonte, dont la large platine imprime d'un seul coup toute une face de la feuille. Près de ces instruments perfectionnés viennent se dresser des mécaniques à cylindres imprimant la feuille des deux côtés dans une seule évolution , les rouleaux en gélatine remplaçant les anciennes balles. Le papier à forme disparaît pour ainsi dire devant le papier continu. La composition elle-même cherche à se produire par des moyens mécaniques.

En 1814 , on n'avait imprimé qu'environ quarante-six millions de feuilles ; en 1826 , par suite d'une progression constante, on en imprime près de cent quarante-cinq millions. Ce qui fit dire à un spirituel bibliographe que le papier imprimé annuellement en France suffirait à mettre le pays sous enveloppe. Mais il faut aussi convenir que la fabrication avait été trop peu circonspecte, et la révolution de 1830 trouva les magasins de librairie encombrés.

La typographie tint son rang avec honneur à la douzième exposition des produits de l'industrie française, qui s'ouvrit en 1849, au milieu des préoccupations commerciales causées par la révolution de février. Le jury d'exposition , cette fois, aux médailles d'or et d'argent qu'il accorda aux patrons, ajouta des mentions honorables décernées aux contre-maîtres et aux ouvriers qui les avaient le mieux secondés dans l'exécution des ouvrages les plus remarquables.

A deux ans de là, en 1851, s'ouvrit à Londres une exposition universelle. La typographie française y eut de nombreux représentants; et, si l'Autriche eut l'honneur de voir décerner à son imprimerie impériale la seule grande médaille d'honneur qui fut accordée à la typographie, il faut dire qu'elle ne doit la prééminence qu'elle a conquise qu'à ce seul établissement gouvernemental, tandis que la France doit en grande partie à ses imprimeries particulières le rang auquel elle s'est élevée dans cette occasion. Notre imprimerie nationale n'avait envoyé à Londres que le livre d'épreuves déjà exposé en 1844, et trois volumes de la collection orientale, fort remarquables, mais qui s'éclipsèrent devant la riche collection de l'imprimerie impériale d'Autriche. Rappelons que six médailles d'honneur furent décernées à la typographie française : à MM. Claye, Dupont et Plon, de Paris; Desrosiers, de Moulins; Mame, de Tours, et à l'imprimerie nationale; et que M. Plon reçut du Président de la République la décoration de la Légion-d'Honneur, lorsque ce prince fit la distribution des récompenses accordées aux exposants français.

Pour compléter cet exposé rapide, citons quelques noms propres qui personnifient toute la gloire de l'art de l'imprimerie.

Et d'abord les Alde, en Italie. En 1500, Alde Manuce mit en usage pour la première fois le caractère penché dit *italique*, dont l'écriture de Pétrarque lui donna la première idée. Ne pouvant suffire seul à la tâche qu'il s'était imposée, il s'adjoignit les hommes les plus érudits de son siècle, afin de reproduire les chefs-d'œuvre de la littérature grecque, et c'est à cette collaboration qu'est due la haute estime dont jouissent les éditions aldines.

Pendant que les Alde s'illustraient en Italie, une autre famille, en France, balançait, surpassait peut-être leur célébrité. Je veux parler des Estienne.

Robert Estienne publia une édition du *Nouveau Testament* fort correcte, trop correcte : car les théologiens attaquèrent comme des atteintes à l'orthodoxie les corrections dues à la connaissance profonde qu'il avait déjà des langues latine, grecque et hébraïque. Son zèle n'en fut que plus excité, et il résolut de publier une édition complète de la Bible. Ce fut pour cette édition qu'il se servit des caractères romains gravés par Garamond, d'après les belles formes des types adoptées par Alde Manuce, et qui furent bientôt généralement employées, soit par les imitations qu'on en fit, soit par les fontes que Garamond envoyait ou par les matrices qu'il vendait. François Ier, protecteur de Robert Estienne, étant mort, l'apparition de la nouvelle édition in-folio du *Nouveau Testament* excita tellement le courroux de la Sorbonne que Robert Estienne fut obligé de s'exiler, et il se retira à Genève, où il mourut.

Le plus célèbre des Estienne fut Henri II, qui fit paraître en 1572 les deux premiers volumes du *Thesaurus linguæ græcæ*. Typographe éminemment intelligent, littérateur plein de goût, cet homme, à qui la postérité doit une éternelle reconnaissance, poursuivi par le malheur, devenu presque fou, ayant vu ses livres et ses manuscrits détruits dans un tremblement de terre, mourut à Lyon dans un hôpital, en 1598. Cependant, l'illustration de cette famille ne s'éteignit pas avec Henri, et la profession d'imprimeur fut exercée par elle pendant cent soixante ans. Un descendant de cette famille, Paul II, dirige en ce moment les presses mécaniques de la maison Didot.

Les Elzevir, imprimeurs hollandais, se sont rendus célèbres par la beauté de leurs éditions. Ils n'ont l'érudition ni des Alde, ni des Estienne, et ce n'est guère que par l'exécution matérielle que leurs impressions se distinguent. La marque des ouvrages auxquels ils ne voulaient pas mettre leur nom était une sphère.

Après la famille des Estienne, celle dont l'imprimerie française peut s'honorer le plus est la famille des Didot. Leur chef, François Didot, fils d'un marchand de Paris, libraire d'abord, ne fut reçu imprimeur qu'en 1754. François-Ambroise Didot donna aux caractères une forme invariable et fut le promoteur des points typographiques inventés par Fournier jeune. Pierre-François, second fils de François, est le fondateur de la papeterie d'Essonne; son fils, Henri, est l'inventeur de la fonderie polyamatype, et un autre de ses fils, Didot Saint-Léger, est l'inventeur du papier sans fin.

Pierre Didot, fils aîné de François-Ambroise, nous l'avons déjà dit, imprima l'*Horace*, que le jury de l'exposition de 1806 déclara la plus parfaite production de tous les âges et de tous les pays.

Firmin Didot, frère de Pierre, est l'inventeur d'un procédé de stéréotypie qu'il appliqua aux *Tables des logarithmes* de Callet. C'est lui qui a gravé les caractères qui ont servi pour le *Racine* publié par son frère. Il avait exprimé le vœu, en mourant, que ses fils pussent rappeler le fameux Henri Estienne. Ce vœu a été exaucé : MM. Ambroise et Hyacinthe-Firmin Didot ont donné une édition du *Thesaurus linguæ græcæ* qui complète cet ouvrage d'une manière digne du prince de l'imprimerie. Enfin, soit seuls, soit avec leur père, six fois, dans diverses expositions, ils ont obtenu la médaille d'or; aussi ont-ils eu l'honneur, aux expositions universelles de Londres et de Paris, d'être mis hors de concours, et de faire partie des jurys d'examen de ces deux expositions.

Donnons maintenant un aperçu des différents procédés employés pour imprimer la pensée.

Arts et nouveaux procédés se rattachant à la typographie.

Xylographie. — La xylographie, ou la gravure sur bois, est évidemment le berceau de la typographie.

La plus ancienne gravure sur bois que l'on connaisse et qui porte une date est celle de saint Christophe faisant traverser la mer à l'enfant Jésus.

On y lit l'inscription suivante :

Christopham faciem die quacumque tueris,
Illa nempe die morte mala non morieris.
Millesimo CCCC°XX° tertio (1443).

Disons, en passant, que cette date semblerait prouver que la gravûre sur bois est plus ancienne que la taille-douce, puisque celle-ci, que l'on attribue aux *nielles* de Naso di Finiguerra, orfèvre de Florence, ne saurait remonter plus haut que 1445.

Bientôt on ajouta à ces images des textes explicatifs, soit au bas de la gravure, soit à côté ou au milieu de petits carrés, soit même quelquefois sortant de la bouche des personnages.

On n'imprimait que d'un seul côté, et on collait le *recto* d'une feuille sur le *verso* de l'autre, quand le livre avait plusieurs feuillets. Ces livres anciens ont presque tous disparu. La gravure sur bois a fait des progrès immenses, surtout dans ces dernières années. Quelques-unes ont la finesse de la gravure sur acier, quand l'impression en est confiée aux plus habiles imprimeurs.

C'est presque en même temps que naquirent la xylographie, la taille-douce et la typographie.

Guttemberg imprima ses premiers ouvrages en xylographie et en lettres mobiles gravées sur bois, puis il inventa la fonte des caractères.

Fonderie. — Ou ignore les procédés employés par Guttemberg et Faust pour fondre leurs caractères, et le voile qui couvre l'origine de cette invention ne sera sans doute jamais levé.

Nos graveurs ont imaginé une multitude de lettres de fantaisie dont quelques-unes sont assez jolies et dont le plus grand nombre sont insignifiantes, mais apportent une variété peut-être nécessaire dans les prospectus ou ouvrages dits *bilboquets*; mais, quant aux caractères des livres proprement dits, la multiplicité des déliés fait papilloter aux yeux l'impression, rend les caractères plus promptement défectueux, et devient une cause de ruine pour l'imprimeur, sans bénéfice, et même disons plus, au détriment de la belle exécution. Nous regrettons donc vivement de voir l'habileté de nos graveurs s'épuiser en efforts infructueux d'imagination : tenons-nous en aux formes sévères de nos aïeux.

Les fondeurs ont-ils fait progresser leur art? Le moule à la main est aujourd'hui ce qu'il était il y a deux siècles. Beaucoup d'essais d'alliages ont été tentés. L'étain, le zinc, le cuivre, ont produit de beaux résultats et ont procuré des alliages qui, sans rien perdre de la ductilité nécessaire à reproduire dans toute leur finesse et leur pureté les traits de la gravure, acquièrent une dureté qui fait mieux résister les caractères à la pression de la machine, sans cependant devenir assez aigre pour se briser sous cette même pression.

Au lieu du moule à la main, avec lequel l'ouvrier ne fait qu'une lettre à la fois, M. Henri Didot imagina d'employer le moule polyamatype, avec lequel, d'un seul coup de mouton, on coule cent vingt lettres. Enfin, dans ces dernières années, on inventa des machines qui toutes projettent d'un coup de piston le plomb aspiré dans un corps de pompe. Avec le mouton ou avec la machine à pompe, il se produit une infinité de petites soufflures dans le corps de la lettre seulement, très rarement dans l'œil. Il en résulte que le même nombre de la même lettre pèse moins qu'au moule à la main; or, une fonte se vend au poids. Cette circonstance, jointe à la plus grande rapidité de l'opération, permet aux fondeurs, dès aujourd'hui, d'offrir une réduction de 33 p. 100 sur les prix ordinaires pour les fontes obtenues par la machine.

M. Johnson, fondeur anglais, a exposé une machine type dans l'annexe. MM. Decase et Delamotte ont pris un brevet d'exportation pour cette machine, et l'ont fait fonctionner chez M. Claye, imprimeur à Paris, sous la surveillance d'une commission d'imprimeurs. Deux fontes assez considérables, l'une pour M. Plon, l'autre pour M. Claye, ont été coulées par cette machine sur des caractères d'un œil assez petit (de 6) avec de la matière dure, et ses résultats ont été très satisfaisants sous le rapport de la promptitude et de la pureté de la gravure. La machine, en outre, n'a éprouvé aucun arrêt dans son fonctionnement, ni occasionné aucun déchet. L'importation en France de cette machine est donc un service rendu par

MM. Decaze et Delamotte. M. Johnson a reçu une médaille de 1re classe. Il se fait en ce moment des essais de caractères en caoutchouc vulcanisé.

Stéréotypie. — La mobilité des caractères d'imprimerie est la notable source de toute l'extension qu'a prise l'invention de cet art, mais elle est aussi la cause de toute les erreurs qui viennent quelquefois déparer les plus beaux livres. La stéréotypie, ou l'art de reproduire en une planche fixe les pages composées en caractères mobiles, pouvait seule faire parvenir à des éditions sans faute, attendu qu'avant chaque tirage on pouvait corriger les fautes découvertes, et qu'on était certain qu'il n'avait pu s'y en introduire d'autres. Vers 1700 on fit quelques essais. En 1795, Firmin Didot obtint des clichés au moyen de caractères mobiles en matière excessivement dure ; les pages ainsi composées étaient posées sur une plaque de plomb vierge, et, au moyen d'un fort balancier, on obtenait une matrice. Pour reproduire en relief la page primitive, mais d'une seule planche, on faisait tomber cette matrice, placée au-dessous d'un mouton, sur un alliage semblable à celui des caractère d'imprimerie mis en fusion, mais on attendait, pour laisser tomber la matrice que le métal fut prêt à se figer. Ce fut par ce procédé que furent imprimés les 200 volumes des *Principaux Classiques français et étrangers*, dont le bas prix fut alors un événement.

Herbann recourut à un autre moyen. Il fit frapper les poinçons d'une fonte sur des petits parallélipipèdes en cuivre. Il fallait que toutes ces frappes fussent faites avec une parfaite régularité, afin que les caractères fussent bien alignés quand on les composait, et de plus qu'elles eussent toutes la même profondeur. Ces deux conditions ont été l'écueil de ce procédé, d'ailleurs très dispendieux. En composant avec ces caractères on obtenait la matrice, et on formait le cliché par le procédé de M. Firmin Didot.

En 1810, lord Stanhope moula en plâtre pur ou en albâtre les pages composées. On donnait à ces moules une cuisson suffisante, convenable, puis on les plongeait, au moyen d'un sabot, dans une cuve remplie de métal en fusion.

Ce procédé exigeait de passer une couche d'huile sur les caractères avant d'y passer celle du plâtre. Cette huile pénétrait entre les caractères dans leur longueur, la brosse ou la lessive ne les en débarrassait que très imparfaitement, et les caractères servant au clichage arrivaient promptement à un état de malpropreté qui en rendait le service très désagréable.

Vers 1832, des essais de clichage au papier furent tentés. MM. Petin et Cormier ont perfectionné ce nouveau mode, et l'on voit au Palais de l'Industrie des clichés d'une pureté remarquable et d'une très grande dimension obtenus par ce procédé, au moyen duquel les caractères ne sont plus encrassés comme par le moulage au plâtre.

Les éditeurs y trouvent un immense avantage ; ils font prendre des EMPREINTES par ce moulage au carton et attendent, pour *faire clicher*, que le goût du public se soit prononcé. Si le livre obtient un succès qui nécessite un nouveau tirage, alors ils font clicher ; sinon, ils ont économisé les deux tiers des frais de clichage.

Enfin, la *gutta percha* et la galvanoplastie permettent de faire des clichés en cuivre d'une fidélité irréprochable, reproduisant toute la finesse des gravures les mieux finies et pouvant supporter des tirages cent fois plus considérables.

M. Duverger, imprimeur, a exposé des épreuves de musique tirées sur des clichés par des procédés pour lesquels il avait pris, il y a longtemps, un brevet d'invention, et qu'il a fait connaître lorsque des concurrents sont venus l'imiter.

M. Curmer expose aussi des clichés de musique obtenus par des procédés autres que ceux de M. Duverger, et qui nous ont paru très satisfaisants.

Galvanoplastie. — Au moyen de couches successives de gutta-percha, on recouvre l'objet qu'il s'agit de reproduire, et dont le relief cependant n'est pas trop fort. On obtient ainsi un moule que l'on plonge dans la cuve pour le soumettre à l'action de la pile galvanique. Il se forme sur le moule une planche en cuivre reproduisant en relief exactement l'objet lui-même.

Les timbres de la poste sont imprimés sur une planche en bronze contenant trois cents figures identiques et obtenues d'une seule pièce par la galvanoplastie. M. Hulot, mécanicien-chimiste attaché à l'Hôtel des monnaies, obtient ces trois cents images identiques des poinçons primitifs, et sans aucun retrait, par un procédé particulier. Il emploie le même procédé pour la reproduction des billets gravés en relief pour la banque de France.

Galvanoglyphie. — On grave un dessin sur une planche de zinc enduite de vernis, et l'on fait mordre à l'eau-forte; avec un rouleau fin on passe une seconde couche de vernis ou d'encre siccative qui laisse voir les creux tracés par le burin et l'acide. Quand cette dernière couche est sèche, on en applique une troisième de la même manière, et on continue ainsi jusqu'à ce que les creux primitifs aient acquis une profondeur que l'on juge suffisante. On plonge les plaques ainsi préparées dans la cuve, et l'on obtient une planche en cuivre sur laquelle tous les creux de la gravure se trouvent reproduit en relief. Un Anglais, M. Palmer, est l'inventeur de ce procédé.

Chrysoglyphie. — Sur une planche en cuivre recouverte de vernis, le graveur exécute une gravure quelconque, puis on fait mordre par une eau acidulée; on enlève le vernis et on revêt la planche d'une couche d'or, soit au moyen de la galvanoplastie, soit par la dorure au feu. On recouvre alors la planche d'un mastic inattaquable par les acides, et ensuite on gratte pour enlever le mastic, dont il ne reste plus trace que dans les parties gravées. On met ensuite le cuivre à nu en enlevant l'or de la surface, soit avec une pierre ponce, soit avec un charbon. Enfin, par des morsures réitérées, on

2

attaque le cuivre, et on obtient en relief tous les effets de la gravure en taille-douce.

Chimitypie ou *zincographie*. — C'est l'art de reproduire en relief un dessin gravé sur une planche en zinc. Après avoir recouvert la planche de vernis ou de cire, on fait mordre à l'eau-forte un dessin gravé au burin. On lave avec soin, pour qu'il ne reste aucune trace d'acide, et on retouche au burin, si cela est nécessaire, les parties mal attaquées par l'acide. On prend ensuite du métal fusible râpé dont on saupoudre la planche, et au moyen d'une lampe à esprit de vin on fait chauffer cette planche. Le métal fond et s'introduit dans les creux de la gravure. On rabote ensuite au niveau de la planche de zinc, de manière à ce qu'il ne reste du métal fusible que ce qui est entré dans le creux de la gravure. Ensuite, on soumet cette planche ainsi préparée à l'action de l'acide muriatique faible. Le zinc seul est attaqué, et toute la partie recouverte par le métal fusible reste en relief. On prolonge l'action de l'acide jusqu'à ce qu'on ait obtenu un relief suffisant pour imprimer à la presse typographique.

Paniconographie. — M Gillet arrive à obtenir le relief sur une planche de zinc par un autre procédé. Il exécute le report d'une épreuve lithographique, typographique ou de taille-douce sur une plaque de zinc polie à la pierre ponce ; il encre ce report, le saupoudre de colophane réduite en poudre passée au tamis de soie. La poudre s'attache à l'encre et on souffle le surplus.

On plonge la planche de zinc ainsi préparée dans une caisse remplie d'eau acidulée de **5** à **12** degrés, et on fait couler l'eau sur la plaque. En peu de temps le relief est obtenu.

Chromotypie. — On doit d'abord se procurer autant de clichés de l'objet qu'il s'agit d'imprimer qu'on se propose d'employer de couleurs différentes pour l'impression. On ne conserve sur chaque cliché que le relief des parties que l'on veut colorer de la même teinte. On procède ensuite à l'impression successive de ces clichés, qu'il s'agit dès lors de parfaitement *repérer*. Par la transparence des couleurs et leur superposition artistiquement combinée, on comprend qu'on obtiendra plus de teintes qu'on n'aura exécuté de tirages : car, par exemple, le bleu pourra devenir du vert ou du violet en le faisant tomber sur du jaune ou du rouge.

Ces procédés ne donnent que des teintes plates. MM. Plon et Zimmerman sont parvenus à fondre les teintes et à les faire mourir.

II. — EXPOSITION UNIVERSELLE DE 1855.

Machines à composer et à distribuer.

L'une de ces machines ayant obtenu une grande médaille d'honneur, cette circonstance, plutôt que l'ordre logique, me fait commencer par elles.

Machine à composer de MM. Delcambre frères. — Les lettres, placées verticalement chacune dans des parallélipipèdes rectangulaires ouverts sur une de leurs faces, sont chassées par de petites lames dont chacune est mise en jeu par une tringle reposant sur l'une des touches d'un clavier, et ces lames reprennent leur place au moyen d'un ressort à boudin dès que le doigt ne pèse plus sur les touches. La lettre, ainsi chassée, tombant sur un plan incliné qui affecte la forme d'un triangle dont la base est au pied des parallélipipèdes ou cassetins, est conduite par des rigoles au bout du plan incliné. Ces rigoles sont plus ou moins contournées, de manière à gêner la descente des plus grosses lettres, qui, sans cette précaution, acquerraient par leur poids une trop grande vitesse, et pourraient alors devancer d'autres lettres touchées avant elles.

Sur le clavier, qui nous a paru disposé d'une manière assez rationnelle, un second rang de touches est réservé à l'italique.

Un peu de jeu est laissé dans le cassetin à l'épaisseur de la lettre, non-seulement pour en faciliter la descente, mais aussi pour que la même machine puisse servir à deux caractères ne différant que d'un point typographique.

Admettons que les lettres arrivent au bout du plan incliné dans l'ordre où elles ont été touchées. Là se trouve une rigole unique, qui continue toutes celles où glissent les caractères, et se termine par un trou de la grandeur d'une lettre, où ceux-ci viennent l'un après l'autre se précipiter. Ce trou est l'orifice d'un long tube recourbé qui prend la forme d'un composteur quand sa direction est devenue horizontale.

Pendant que l'ouvrier compositeur fait jouer la machine, un autre ouvrier, que nous appellerons justificateur, se place à l'extrémité du long composteur. Là il y a une galée en cuivre dont un des rebords peut, à l'aide de vis de rappel, fournir la justification de la page. Un filet mobile, placé au haut de la galée, reçoit les caractères que l'on attire du grand composteur. Un petit arrêtoir ne permet d'en attirer que ce que comporte la justification. On divise les mots convenablement et on justifie comme à l'ordinaire, au moyen d'espaces placées dans une petite casse dressée près de la main droite de l'ouvrier, et, quand la ligne est justifiée, on presse sur un petit levier; dans ce mouvement, le filet disparaît et la ligne s'abaisse d'un cran. On lâche alors le levier, le filet reparaît, on justifie une seconde ligne, et ainsi de suite. Cette galée est ingénieusement inventée et accélère le travail d'une manière remarquable. On conçoit que, si le justificateur a composé ses notes et ses titres à l'avance, il peut faire ainsi ses pages au fur et à mesure. Un petit rouleau encré et une plaque recouverte d'un molleton permettent de faire épreuve de chaque page avant de l'enlever de la galée.

Les machines à composer des deux frères sont absolument semblables, mais leurs machines à distribuer diffèrent essentiellement.

Occupons-nous d'abord de l'une d'elles.

Machine à distribuer de M. Delcambre jeune. — Les cassetins sont placés verticalement et ont tous leur ouverture supérieure sur une règle horizontale ; devant chaque cassetin on a gravé, sur la règle horizontale, la lettre indiquant celle que ce cassetin doit contenir, en plaçant les lettres le plus en usage au milieu. Les cassetins sont en nombre suffisant pour que l'on puisse distribuer le romain et l'italique.

La composition à distribuer est placée dans une galée verticale, glissant sur de petites roulettes sur la règle dont il vient d'être question. Les caractères ayant des épaisseurs qui diffèrent assez sensiblement entre elles, si la lame qui doit les frapper pour les faire tomber dans leurs cassetins, comme nous l'allons voir, était d'une épaisseur unique, on risquerait, pour les lettres faibles, d'en pousser deux à la fois. L'auteur a donc imaginé de se servir de trois lames à ressort, l'une pour les lettres faibles, la seconde pour les lettres de force moyenne, et la troisième pour les grosses lettres. Ceci exposé, voici le jeu de la machine. A l'aide d'un filet on dégage du paquet à distribuer la première ligne, qui se trouve ainsi placée entre ce filet et le rebord de la galée. On promène la galée sur la règle, et on amène au-dessus de son cassetin la première lettre qui est en bas de la ligne. Le distributeur frappe alors le ressort qui convient à cette lettre, selon qu'elle est fine, moyenne ou forte, et la lettre tombe dans son cassetin. On transporte la galée au-dessus du cassetin de la deuxième lettre de la ligne, on la pousse à son tour, et ainsi de suite.

Cette distribution est à coup sûr plus longue que la distribution ordinaire à la main dans une casse ; mais ce mode est inévitable, puisqu'il faut que les lettres soient placées dans les cassetins. Avant l'invention de cette seconde machine, on distribuait dans une casse, puis on composait séparément les caractères de chaque cassetin, et enfin on en chargeait les cassetins de la machine à composer. Il faut donc fatalement se servir d'une machine à distribuer.

Passons à la seconde machine à distribuer.

Machine à distribuer de M. Delcambre aîné. — Nous voyons encore ici trois lames d'épaisseurs différentes pour séparer les lettres, selon qu'elles sont fines, moyennes ou fortes. La galée est verticale, mais fixe. On chasse la première lettre par en dessous en touchant avec la main gauche le ressort de la lame qui convient à la force de la lettre. Cette lettre tombe sur un plan incliné et dans une rigole qui va perpendiculairement du haut en bas d'un plan incliné, aussi de forme triangulaire, mais dont, ici, le sommet est placé à la partie supérieure. Le long de cette rigole, à droite et à gauche, sont placées 38 autres rigoles (19 de chaque côté) correspondant à 38 cassetins destinés à recevoir les 38 sortes les plus usuelles de la casse. Toutes les autres sortes (et les casses en contiennent 130 environ), voire même l'italique, tombent dans le cassetin correspondant à la rigole du milieu, et il faut ensuite distribuer à la manière ordinaire les sortes qui viennent s'y ranger, et qui y forment un véritable pâté. Revenons aux 38 sortes privilégiées. Quand la lettre à distribuer est une de ces 38 sortes privilégiées, le distributeur, en même temps que de la main gauche il agit sur le ressort qui doit la faire échapper, presse avec la main droite un bouton sur lequel est gravée la lettre dont il s'agit. Ce bouton fait jouer un petit ressort, et la partie supérieure de la rigole du milieu qui correspond à cette lettre, se renversant, vient s'abattre contre l'autre côté de la rigole, et, barrant ainsi le passage à la lettre, l'oblige à entrer dans la rigole qui conduit au cassetin de cette lettre. Ce système est assez ingénieux, mais il est évident qu'il faudrait avoir les bras de Briarée si l'on voulait augmenter le nombre des cassetins en quantité suffisante pour les 130 sortes de romain et les 100 sortes d'italique. L'auteur trouve que le chiffre de 38 suffit.

Vous voyez qu'il faut que le distributeur ait toujours, dans l'une comme dans l'autre machine à distribuer, l'attention fixée sur la force de la lettre, afin de toucher la lame destinée aux lettres fines, moyennes ou fortes, attention qu'il sera difficile d'obtenir d'un enfant. Pour que la machine à distribuer atteignît complétement son but, il faudrait que la distribution pût se faire mécaniquement et sans qu'il fût aucunement besoin de l'intelligence du distributeur. Nous verrons que M. Sorensen, Danois, a résolu ce problème, au moins théoriquement.

Dans la machine de M. Delcambre jeune, le distributeur fait courir sa galée sur la règle et fait tomber la lettre quand elle est arrivée au-dessus de son cassetin ; il est placé très commodément sur son siége, et n'a d'autres soins à prendre que de frapper la lame qui convient à la force de la lettre à faire tomber. Dans celle de M. Delcambre aîné, non-seulement il faut qu'il ait ce soin, mais il doit rester debout et dans une position très désagréable, la main gauche près de la galée, et le bras droit allongé pour aller toucher, jusqu'à l'extrémité du plan incliné, le ressort qui doit ouvrir le chemin aux lettres. C'est un inconvénient grave, et qui, joint à la nécessité de distribuer à la manière ordinaire les sortes non classées et l'italique, détruit d'une manière fâcheuse ce que sa machine présente d'ingénieux.

Machine de M. Sorensen. — Cette machine, d'une élégante coquetterie, est extrêmement ingénieuse, d'un mécanisme très compliqué, d'une constitution fort délicate, demandant les plus grands ménagements, et exige, nous le croyons, de la part du compositeur qui s'en sert, la plus grande adresse, une attention soutenue, et non-seulement, comme dans les autres, l'habileté pratique voulue pour le toucher du clavier, mais encore celle que nécessitent les autres manœuvres de son service. Nous allons essayer d'en donner la description, en négligeant les détails de mécanisme, comme nous l'avons fait pour les machines Delcambre, afin de ne nous occuper que de ce qui est essentiel : bien faire comprendre le double résultat que l'auteur s'est proposé.

Cette machine compose et distribue simultanément, et la distribution se fait mécaniquement d'une manière absolue, c'est-à-dire qu'il suffit de la mettre en mouvement pour que les lettres viennent prendre leur place, sans que l'intelligence de celui qui imprime le mouvement ait besoin d'agir.

Elle se compose de deux cylindres circulaires exactement du même diamètre, ayant le même axe et placés l'un sur l'autre. Le cylindre inférieur est fixe et reçoit les lettres que lui envoie le cylindre supérieur, qui tourne sur son axe au moyen d'une pédale que met en mouvement le pied du compositeur. Les bases circulaires des deux cylindres sont des plaques de cuivre, et ces plaques sont réunies entre elles par des tiges également en cuivre et en nombre égal à celui de tous les types de la casse. Les lettres s'enfilent toutes sur ces tiges, qui affectent la forme d'un prisme triangulaire, et l'entaille faite à la lettre pour qu'elle s'y enfile est en queue d'aronde.

Le diamètre des cylindres est d'environ 50 centimètres, la circonférence est donc d'environ 150 centimètres. Nos casses ne contenant que 130 signes à peu près, on voit que les tiges sont espacées d'environ un centimètre de milieu en milieu. L'impression allemande ne comportant pas d'italique, M. Sorenzen n'a pas eu à s'occuper de ce caractère ; ce qui simplifie son travail.

Chaque tige est disposée de manière à ce que, la lettre étant enfilée, cette lettre ait son œil tourné en dehors et qu'elle prenne la direction du rayon partant de cette tige pour aller à l'axe du cylindre. Les deux cylindres comportent le même nombre de tiges, et celles du cylindre supérieur sont régulièrement et rigoureusement placées au-dessus des tiges du cylindre inférieur, de manière à pouvoir être considérées comme étant le prolongement les unes des autres.

Supposons maintenant les tiges du cylindre supérieur chargées de la composition qu'il s'agit de distribuer. Nous donnerons plus tard le moyen employé pour enfiler très commodément les lignes de distribution sur les tiges. Les deux plaques ou cercles en cuivre qui servent de base au cylindre distributeur sont percées, devant chaque tige, d'un trou rectangulaire capable de laisser passer le caractère. Mais il n'en est pas de même pour le plateau supérieur du cylindre compositeur : les trous pratiqués sur cette plaque pour laisser passer le caractère sont, à leur intérieur, armés de petites dents placées dans un certain ordre. Des entailles ont été creusées dans la lettre et sur la longueur ; lors donc qu'une lettre, par le mouvement du cylindre supérieur, vient à passer sur un des trous du second, elle continue sa route si les entailles dont elle est pourvue ne correspondent pas exactement aux dents dont cet orifice est armé. S'il y a similitude, cette lettre, poussée d'ailleurs par le poids de celles qui lui sont superposées, et au besoin par un lingot placé à la partie supérieure, passe par l'ouverture qui se présente pour elle, et s'enfile sur la tige qui lui est destinée.

Si je suis parvenu à me faire bien comprendre, on voit que les tiges du second cylindre se chargent chacune du type qui lui est destiné.

Quant à la composition, je pense qu'il est assez inutile d'entrer dans de grands détails. Au-dessous du second cylindre on a placé un cône portant sur sa surface de petites bandes de cuivre faisant l'office des rigoles des plans inclinés des machines Delcambre. Les touches font mouvoir des leviers coudés autour du bord supérieur de ce cône et au-dessous des tiges portant des caractères. Les leviers, par la manière dont ils sont disposés, chassent les lettres de leurs tiges, et les font tomber sur la surface du cône ; et, comme l'œil de la lettre est en dehors du cylindre, les caractères arrivent tous au fond du cône le pied en bas et l'œil en haut.

Ce serait ici le lieu de donner la description du mécanisme destiné à maintenir les lettres au bas des tiges du cylindre compositeur, afin qu'elles ne tombent que quand elles sont chassées par le jeu des touches et des leviers. Mais, si j'en parle, c'est pour faire savoir que là. encore il y a une série d'ajustements et de frottements qui peuvent et doivent causer des temps d'arrêt dans le jeu de la machine.

Les caractères, étant placés autour du cône, arriveraient au fond les uns crans dessus, les autres crans dessous ; il a donc fallu contourner les bandes de cuivre qui dirigent les caractères de manière à les redresser tous dans le même sens, problème que l'inventeur a parfaitement résolu.

Enfin voici donc les lettres qui arrivent verticalement les unes après les autres dans le fond du cône. Là se trouve adapté un tube, qui perd bientôt la direction verticale pour s'infléchir un peu. La lettre glisse sur la surface inférieure de ce tube, de peu de longueur et bouché à son extrémité ; elle se trouve donc arrêtée et pénètre dans une ouverture longitudinale ménagée à l'extrémité du tube pour la recevoir. Devant cette ouverture se place un grand composteur, dont la face verticale est armée, dans toute son étendue, d'une tige triangulaire semblable à celle des cylindres, et sur laquelle les lettres doivent s'enfiler. Il faut donc que ce composteur soit assujetti avec la plus grande précision sur le tube qui reçoit les lettres, car la plus petite déviation dans un sens quelconque ne leur permettrait plus de s'enfiler sur la tringle ; un petit marteau agit à la partie antérieure du tube, afin de pousser la lettre et de l'aider à s'enfiler sur la tringle du composteur.

Quand le composteur est plein, on l'enlève, et on le remplace par un autre, que l'on charge pour le remplacer par un troisième, et ainsi de suite.

Les composteurs étant chargés de composition, reste à justifier pour faire des lignes et des pages ; pour cela on place un des composteurs à hauteur convenable sur deux colonnettes par des pointes en fer servant à le fixer. Au moyen d'un lingot placé devant la composition à l'extrémité la plus éloignée du compositeur, et attaché par une ficelle qui vient jusqu'au justificateur, celui-ci attire une certaine partie de la composition sur la portion de la tige triangulaire qui déborde le composteur de bois. Alors il place son composteur manuel sur cette composition, et y attire la quantité de composition que sa justification peut contenir. Ceci est évidemment plus prompt que de prendre par petites portions la quantité de composition qui serait nécessaire pour remplir le composteur, mais cela ne vaut pas la galée verticale de M. Delcambre.

Enfin ici, comme pour les galées de M. Delcambre, il reste à couper les mots convenablement, à mettre les divisions si c'est nécessaire, à jeter des espaces fines, ou même à changer celles qui ont été composées par la machine, si la justification l'exige.

Nous avons dit que nous indiquerions la manière de charger de distribution les tiges du cylindre supérieur. Pour y parvenir, on renverse tout à fait horizontalement les deux cylindres ; une charnière a été adaptée à la table qui soutient la machine. Dans cette position, on place dans la partie la plus élevée du cylindre une des tiges à charger ; puis on adapte contre le cylindre une table en fer bien horizontale, reposant sur la table de la machine. et s'accrochant par un moraillon au cylindre lui-même. Sur cette tablette, qui se termine par un rebord de 2 à 3 centimètres, on place le paquet à distribuer, et on le pousse contre le rebord. Les choses sont ajustées de telle façon que la première ligne, celle qui touche le rebord, se trouve exactement placée vis-à-vis la tringle supérieure, et que l'entaille à queue d'aronde de la lettre se trouve aussi très exactement vis-à-vis cette tringle ; on voit dès lors qu'en poussant bien perpendiculairement cette ligne avec un lingot, on l'enfile tout entière sur la tringle ; on pousse ensuite le paquet contre le rebord, et on enfile la deuxième ligne ; on continue ainsi jusqu'à ce que la tringle soit suffisamment chargée. Alors on fait tourner le cylindre d'un cran, et on charge de la même façon la seconde tringle, puis successivement toutes les autres. On voit encore ici avec quelle précision il faut que la tablette et son rebord soient disposés : car la plus légère déviation arrêterait le chargement des tringles.

Je crois avoir démontré, dans un petit mémoire que j'ai soumis à mes confrères, que, si la machine de M. Delcambre fonctionnait régulièrement ; si l'humidité, la crasse, l'encre, la poussière, ne venaient pas encore amoindrir les résultats de mes calculs ; si, à force de soins et d'attention, on parvenait à vaincre les obstacles que doivent présenter toutes ces causes, la machine n'écarterait de nos ateliers que la moitié des compositeurs. J'engage donc les ouvriers à ne pas beaucoup s'effaroucher de ces différentes machines.

La machine Delcambre coûte 3,500 fr. Une page ordinaire, de 1 fr. 75 c. de composition, donne au patron environ 25 c. de bénéfice : il faudrait donc 15,000 pages de composition pour couvrir les frais d'achat de la machine. Je crois dès lors pouvoir conclure hardiment que cette invention ne présente aucune chance de succès.

Quant à la machine danoise, indépendamment des obstacles apportés à son fonctionnement par l'humidité, l'huile, l'encre, la crasse, la poussière, la vert-de-gris et la rouille, nous croyons que la complication de sa manœuvre, la délicatesse de toutes ses parties, entraîneront de fréquentes réparations. Il faudra aussi non-seulement que le compositeur acquière une grande habileté, mais qu'il apporte la plus grande attention dans les différentes manœuvres. Enfin vous avez vu avec quelle précision il faut que chaque pièce soit ajustée ; que si l'une quelconque d'entre elles dévie de sa place, si le plus petit choc la fausse, rien ne va plus. Ces graves considérations nous font regarder cette machine, d'ailleurs excessivement ingénieuse et devant mériter à son auteur de justes éloges, comme étant d'un usage impossible dans les ateliers. Un de nos ouvriers nous a dit cependant avoir vu fonctionner cette machine à Stockholm pour la composition d'un petit journal ; mais nous ne pouvons rien préjuger d'après ce que nous avons vu dans le Palais de l'industrie. M. Sorensen travaillait et faisait fonctionner sa machine dans les meilleures conditions. Les caractères, presque neufs, n'étaient ni humides, ni crasseux, ni huileux. La machine était éblouissante de propreté et maniée avec le plus grand soin par son auteur, qui veillait sur elle avec toute la sollicitude d'un père pour son enfant bien-aimé. Quand il touchait le clavier, il composait de mémoire, et s'épargnait ainsi les lenteurs inhérentes à la lecture et au déchiffrement des affreux manuscrits que nous livrent le plus souvent messieurs les auteurs. Quand il justifiait, il se souciait peu du bon espacement des mots, de leur bonne coupure et du placement des divisions (il n'en mettait jamais); il ne prenait pas plus de souci de la bonne justification elle-même, car il savait que sa composition ne devait pas être mise en châssis et ne courait pas le risque de rester sur le marbre après l'impression, ou d'être enlevée par les rouleaux au tirage. Il faisait cette opération avec tant de rapidité que nous crûmes un instant que ses lettres et les espaces étaient fondues par points ; mais, quand nous le priâmes de justifier devant nous, et qu'il vit que nous l'examinions de près, cette grande promptitude d'exécution disparut, et il était aussi long à justifier que les autres compositeurs. Il aurait donc fallu que nous vissions M. Sorensen composer sérieusement sur un manuscrit, avec du caractère chargé de toutes les impuretés qui lui restent encore après avoir été lavé au sortir de la presse. Nous eussions examiné à la fin des six mois de l'exposition ce que sa machine serait devenue, même entretenue et manœuvrée par lui. Alors, mais seulement après ces épreuves, il nous eût été possible de porter un jugement.

Une réflexion très importante doit être faite ici. Le cran à queue d'aronde qui permet à la lettre de s'enfiler sur les tiges a trois points au moins de profondeur. Il n'y a guère que les caractères de 8 points au moins qui puissent supporter une semblable entaille ; les caractères de 7 points et au-dessous ne sauraient donc être composés par une machine semblable, ce qui en restreint singulièrement l'usage.

Il nous serait d'ailleurs impossible de déterminer l'économie qu'elle pourrait présenter, en supposant qu'elle surmontât les obstacles que nous prévoyons. Mais il faudrait que les bénéfices fussent très considérables, car son prix est très élevé ; l'auteur en demande 7,000 fr. ; ce qui, d'après le raisonnement par lequel nous avons terminé les considérations générales sur la machine Delcambre, exigerait que 30,000 pages eussent été composées avant qu'on fût remboursé du prix d'achat. — Ajoutons que, tandis que les machines Delcambre peuvent servir pour la composition de deux caractères qui ne diffèrent que d'un point, le système Sorensen exigerait autant de machines que de forces de corps.

Nous nous résumons. M. Sorensen mérite les plus grands éloges pour son ingénieuse invention, à laquelle il a d'ailleurs consacré sa

vie tout entière, et que le jury international a cru devoir récompenser en lui accordant une grande médaille d'honneur. — Néanmoins, nous croyons très sincèrement que, si le problème de la composition et de la distribution mécaniques faites simultanément est
résolu en théorie, il est encore bien loin de l'être en pratique.

Des encres typographiques.

Pourquoi les anciens imprimeurs, dont les connaissances en
physique, en chimie et en histoire naturelle étaient loin d'égaler
celles que l'on possède de notre temps, avaient-ils des encres du
plus beau noir, qui depuis des siècles ont conservé toute la vigueur
de leur teinte, et pourquoi les encres de notre époque laissent-elles
tant à désirer? Les connaissances humaines ne périront plus, dit-on;
l'imprimerie en garantit la transmission à nos neveux dans les âges
les plus reculés.... Et voilà que déjà la fabrication de l'encre de nos
pères, l'objet le plus essentiel après les types et la presse, nous est
complétement inconnue.

Les origines de la typographie sont enveloppés de nuages impéné-
trables; les inventeurs tenaient secrets leur procédés, car alors
comme aujourd'hui les contrefacteurs existaient. Mais, du temps des
Estienne, les typographes, alors en honneur, ne cachaient plus
leurs travaux. Or, ils fabriquaient eux-mêmes leurs encres, et pas
un d'entre eux n'a eu la pensée de nous décrire les procédés dont il
usait. Nous sommes obligés de dire qu'aujourd'hui, même dans les
qualités les plus fines et les plus chères, la précision chimique et
mathématique est loin d'exister, et que toute l'habileté du fabricant
réside dans l'habileté de la main, le coup d'œil et la pratique de son
contre-maître.

Posez aux fabricants d'encre les questions suivantes. Quelles sont
les matières qui produisent les noirs de fumée les plus fins?

Quels sont les corps étrangers nuisibles à la qualité des noirs qui
peuvent être contenus dans ces matières?

Comment les débarrasser de ces corps étrangers?

Comment reconnaître leur pureté?

Le noir de fumée étant obtenu, comment mesurer son degré de finesse?

Ils ne pourront vous répondre; cela est si vrai que, lorsqu'ils achètent leur noir, ils ne peuvent reconnaître ni son origine, ni sa qualité, ni sa légèreté. Quand ils le fabriquent eux-mêmes, ils sont au moins sûrs de son origine, il ne leur est pas difficile de reconnaître que le noir qui a été se loger dans la chambre la plus éloignée du foyer est évidemment le plus léger. Dans cette chambre même celui qui s'est attaché au plafond ou à la partie supérieure des parois est plus léger que celui qui est tombé sur le sol. Après celui-ci le noir de la chambre qui précède est le plus fin, et ainsi de suite.

Voilà, quant à la fabrication du noir, le moyen barbare dont on se sert pour partager le produit total en qualités différentes. Ce classement par à peu près ne peut garantir que la fabrication du lendemain donnera des résultats identiques, et que le noir qu'on retirera de la chambre la plus éloignée sera aussi beau ou ne sera pas meilleur que celui obtenu la veille. La base d'appréciation manque absolument; de telle sorte que, si la confusion s'établit dans les vases renfermant les produits, il n'est pas possible de reclasser les noirs par ordre de mérite.

Si l'on considère la manière dont le noir de fumée est obtenu, on comprend qu'il se vaporise avec lui une notable portion de matière huileuse qui plus tard viendrait former une auréole jaune autour de l'impression. Les fabricants pour l'en débarrasser, le carbonisent. Mais demandez-leur : « Juqu'à quel degré faut-il carboniser? Quand faut-il arrêter l'opération? Combien entre-t-il pour cent à l'état libre d'huile dans le noir? Combien la carbonisation en a-t-elle fait disparaître? » Toutes ces questions resteront sans réponse précise. Voilà encore une opération qui se fait au hasard, par routine, par sentiment. On m'a répondu : « Si par la carbonisation j'ai réduit de cinquante pour cent, il est clair que j'ai enlevé cinquante pour cent d'huile libre. » Non, car il ne s'est pas brûlé que de l'huile libre, il s'est aussi brûlé une partie du noir de fumée.

Arrivons au vernis.

Quelle est l'huile la meilleure à employer pour l'obtenir? Comment reconnaître son degré de pureté, la fraude du vendeur si cette huile a été mélangée?

A quel degré de cuisson faut-il s'arrêter?

Ici encore la routine, le sentiment, la pratique, sont les seuls guides de l'opérateur. Quand on *juge* que la cuisson est à point, on éteint; puis *on tâte le vernis* entre l'index et le pouce pour en *mesurer la force;* les doigts adhèrent plus ou moins fortement, et on éprouve plus ou moins de peine pour les séparer : voilà le moyen d'appréciation.

Quoi qu'il en soit, voilà le vernis ; nous avons déjà le noir, faisons enfin de l'encre.

Pour mélanger ces deux seules bases du produit à obtenir, il faut d'abord les doser.

Ici, nouvelle incertitude, rien de précis.

Combien de vernis? combien de noir?

Il est évident que, selon la force du vernis, selon la finesse du noir, selon la qualité de l'encre qu'on voudra produire, les rapports des deux bases devront varier d'une manière infinie. Les fabricants ont inventé pour leur encre des dénominations qui sembleraient dé-noter une graduation certaine : Encre extra-fine, surfine, 1re, 2e, 3e qualité. Il semblerait qu'un imprimeur qui demanderait à un fabricant quelconque une encre de l'une de ces qualités devrait toujours recevoir une chose certaine; mais il n'en est rien : si les qualités, les bases, sont elles-mêmes classées à l'estime, les dosages sont encore bien autrement abandonnés au hasard.

Rien de positif, tout au sentiment.

L'opérateur, selon les résultats qu'il veut obtenir, détermine ses doses à sa manière, et emploie, pour opérer le mélange, les meules, les moulins et la vapeur.

Qu'on nous explique pourquoi des moulins ou des meules et une force de deux ou trois chevaux vapeur. Quelle matière dure s'agit-il donc d'écraser?

Évidemment ces appareils sont inutiles. Il n'y a rien à broyer; il s'agit tout simplement de faire un mélange.

Il n'y a pas trente ans qu'on se servait encore de la molette: alors la routine ou la fatigue indiquait au broyeur quand il devait s'arrêter. Aujourd'hui, avec les moulins ou les meules, il semblerait que les mêmes matières, passant par les mêmes opérations pendant des temps égaux, dussent sortir dans le même état. La raison dit oui, et l'expérience est là pour la démentir.

Il faut donc conclure que la fabrication de l'encre est encore dans l'enfance, et que la supériorité des produits dépend non-seulement de la supériorité des matières premières, mais encore et surtout de l'habileté, du tact, du coup d'œil, de la grande expérience de l'ouvrier. Tant que les fabricants n'auront pas trouvé les moyens d'apprécier d'une manière assurée ce qu'ils appellent la force de leurs vernis, la qualité ou la finesse de leurs noirs, ils n'auront aucune règle fixe pour le dosage des matières, et dès lors il y aura pour eux impossibilité de livrer deux fois de suite de l'encre de même qualité, donnant à l'impression les mêmes résultats.

Maintenant que nous avons parlé de toutes les imperfections que présente la fabrication des encres, disons un mot des altérations qu'elles subissent et qui ne peuvent être attribuées au fabricant. Admettons pour un instant qu'il ait produit une encre d'une certaine qualité, convenant parfaitement à un imprimeur pour un certain ouvrage. Voici maintenant venir les variations du baromètre et du thermomètre: cette encre ne possède bientôt plus les qualités qu'on lui avait reconnues, il faudra même peut-être l'abandonner. Le fabricant aura eu soin de la mettre en réserve afin de la livrer à l'imprimeur qui en est satisfait; mais la pression atmosphérique aura détruit l'homogénéité; la partie supérieure de l'encre dans le vase qui la contient devient moins épaisse que celle du milieu, devenue moins épaisse que celle du fond, de telle sorte que cette encre, maintenant trop dure et trop difficile à travailler, devra repasser sous la meule. Ceci peut sembler contraire à la raison. Que les savants expliquent le fait: car ce que nous disons, tous nos confrères l'ont éprouvé. Il y a précipité : c'est absurde en théorie, soit; mais cela est.

La température vient apporter encore bien d'autres perturbations. Si l'atelier de l'imprimeur est par trop accessible aux variations atmosphériques, l'encre se liquéfie ou se durcit de telle sorte que son usage devient impossible.

N'oublions pas de porter en ligne de compte la qualité des rouleaux, sur lesquels la température et l'humidité exercent une influence peut-être plus grande encore que sur les encres, qui, à leur tour, en subissent la réaction. Changez les rouleaux, et l'encre, qui tout à l'heure ne couvrait pas, ou couvrait trop, va donner d'excellents résultats.

Si l'imprimeur a été assez habile pour surmonter toutes les difficultés que lui ont présentées et la nature de l'encre et les causes extérieures, il est malheureusement encore à craindre que son œuvre ne soit singulièrement altérée après son exécution. Le chlore que les fabricants de papier emploient outre mesure pour blanchir la pâte, et dont il reste dans les feuilles une quantité assez grande pour affecter l'odorat du lecteur, attaque peu à peu la teinte de l'impression ; il est même probable que cet agent détruira plus tard le papier lui-même, et que, par suite, nos neveux auront à faire beaucoup de réimpressions des livres qui mériteront cet honneur.

Après avoir sincèrement critiqué ce que nos fabricants d'encre d'impression décorent du nom de *méthode*, j'ai dû loyalement parler des causes indépendantes de la fabrication qui peuvent altérer les meilleures encres : mes observations n'en subsistent pas moins, je le crains, dans toute leur crudité. Je fais des vœux pour que la science s'introduise dans les usines du fabricant d'encre, que des méthodes sûres y remplacent les procédés à l'estime, et que les efforts de ces industriels soient enfin couronnés de succès plus fructueux que les modifications et embellissements qu'ils ont apportés dans leurs usines, seuls progrès qu'ils aient faits dans ces derniers temps.

Malgré une absence aussi complète de la partie scientifique dans cette industrie, et la commission impériale n'y voyant que du noir, M. Lawson a obtenu une médaille de 1re classe, et MM. Lorilleux et Lefranc une médaille de deuxième classe.

TYPOGRAPHIE.

Grandes médailles d'honneur et médailles en or.

Imprimerie impériale de Vienne. — Fondée en 1804, elle n'eut d'abord qu'une pâle existence, ne produisant que des œuvres typographiques ordinaires et ne donnant aucun élan aux établissements particuliers. Mais, en 1841, la direction en fut confiée à M. Auër; dès lors l'établissement obscur devint un institut remarquable sous tous les rapports, et stimula toutes les typographies de l'Autriche. Là se trouve tout ce qui se rattache de près ou de loin à l'art de Guttemberg. C'est une sorte de conservatoire, où chaque branche fournit des élèves qui, sous une habile direction, deviennent maîtres à leur tour, et assurent désormais une situation constamment bonne et progressive. Tous les progrès réalisés dans ces temps derniers ont été appliqués dans les ateliers impériaux de Vienne! On n'a reculé devant aucun sacrifice: refonte des caractères surannés, gravure des types étrangers, création de presses mécaniques, etc., etc., dépenses, recherches, expériences en tous genres, rien n'a arrêté l'impulsion imprimée à cet établissement; aussi que de curiosités, que de merveilles étalées à nos regards! Et d'abord examinons les spécimens, nous verrons une immense variété de caractères étrangers: le birman, le tamoul, le cingalais, le mantchou, etc. Il n'est pas jusqu'au plus infime idiome qui n'ait sa place dans ce répertoire de savante érudition : les caractères chinois, si compliqués en leurs combinaisons multiformes ; les langues aujourd'hui inconnues et qu'on n'a pas craint de graver, pour que rien ne manquât à la collection. Puis viennent les familles plus répandues : le chaldéen ; l'hébreu, avec ou sans voyelles ; les grecs de tous les corps, anciens et modernes ; les caractères celtiques, indogermaniques ; ceux d'inscription et de manuscrits. Les aveugles n'ont pas été oubliés, et nous trouvons même les signes d'une écriture sténopraphique, le tout d'une exécution de tirage très remarquable.

Voilà pour la typographie proprement dite. Parlons actuellement de ces grandes et intéressantes branches accessoires, de ces innovations si fertiles en applications, dont l'imprimerie d'Autriche à su enrichir son magnifique établissement. C'est d'abord l'impression naturelle, découverte ingénieuse et admirable de simplicité, et dont tout l'honneur appartient à l'imprimerie impériale de Vienne. Je vais vous exposer en peu de mots le procédé par lequel on obtient une gravure sur cuivre donnant ensuite par l'impression de la taille-douce la reproduction *naturelle* des objets dont le relief n'est pas trop considérable.

On place entre une feuille d'acier et une feuille de plomb l'objet qu'on veut reproduire, tel qu'une fleur avec sa tige et ses feuilles, de la dentelle, etc. ; on fait passer le tout au laminoir, dont on modère la pression convenablement. L'objet s'incruste dans la feuille de plomb. Vous l'en retirez ; puis avec de la gutta-percha on obtient en relief le dessin de la feuille de plomb ; et enfin, sur ce relief métallisé, vous obtenez par la galvanoplastie une planche en cuivre donnant, dans ses détails les plus fins et les plus délicats, toutes les stries des feuilles, de la fleur, ou toutes les broderies de la dentelle.

M. Auër a exposé en très grand nombre des feuilles coloriées avec le plus grand soin d'une *Flore* allemande, qu'il se propose de rendre aussi complète que possible.

Il est facile de comprendre les avantages variés qu'il est possible de retirer de ce procédé.

Ainsi, par exemple, les fabricants de dentelles dépensaient des sommes assez considérables en envoyant des échantillons en nature de leurs produits. Il leur suffira maintenant de faire passer au laminoir un décimètre ou deux de chaque pièce de dentelles, et ils en reproduiront autant d'exemplaires qu'ils voudront.

L'imprimerie impériale de Vienne a exposé de très belles épreuves de galvanoplastie et d'hyolographie; des reproductions très remarquables d'objets d'art par la galvanoplastie; voire même des peintures à l'huile obtenues par l'impression typographique. En un mot, l'exposition de cet établissement était complète, en ce sens qu'elle réunissait des échantillons de tous les arts graphiques, et qu'on y voyait tout ce que les hommes ont imaginé pour peindre la pensée.

C'était donc avec grande justice que la grande médaille d'honneur donnée à l'exposition universelle de Londres, en 1851, lui avait été décernée. C'est donc encore à juste titre qu'elle a obtenu à Paris, en 1855, la même distinction.

Imprimerie impériale de France. — Personne n'ignore les grandes ressources dont dispose cet établissement. Un matériel considérable, d'immenses capitaux, des collaborateurs d'un mérite reconnu : tels sont les moyens d'action qui font de l'imprimerie impériale une institution vraiment grandiose. Aussi l'ensemble des travaux qu'elle a apportés au grand concours industriel de 1855 est-il empreint d'un incontestable caractère de grandeur.

L'ouvrage principal exposé par l'imprimerie impériale est l'*Imitation de Jésus-Christ*, format in-folio, richement ornée de vignettes multicolores.

La disposition du livre, si savante qu'elle soit, laisse pourtant quelques points défectueux : on a critiqué les blancs entre les titres courants et les têtes de pages; la coupure fâcheuse de certaines strophes, laissant en divers endroits un seul vers séparé de la strophe précédente ou suivante: enfin le manque d'harmonie de style qui devrait exister entre l'ornementation typographique et les caractères du texte. En effet, les vignettes sont imitées de celles du quatorzième siècle, époque où l'on n'écrivait encore qu'en gothique, tandis que le texte, admirablement bien gravé d'ailleurs par M. Marcelin Legrand, reproduit les types romains dont Garamond a donné, seulement au seizième siècle. les plus parfaits modèles. Il y a plus : les *l* du caractère romain continuent d'être barrés suivant le système moderne de l'imprimerie impériale, et les chiffres sont fondus d'après les types de 1855. Il est fâcheux, quand il s'agit d'un ouvrage de cette importance, d'avoir à signaler de pareils anachronismes.

Le tirage, or, couleurs et noir, a été fait avec le plus grand soin. Cependant. dans un grand nombre de pages, l'or mat, trop fortement foulé, vient produire en certains points, de l'autre côté de la feuille, malgré l'épaisseur des papiers, un effet désagréable.

Les gravures d'ornements, primitivement exécutées sur cuivre, reproduites en relief sur du plomb laminé, puis reprises sur cuivre par la galvanoplastie, constituent la partie principale du travail de l'*Imitation*. On se figure aisément les difficultés inhérentes à une mise en train variée à chaque page, non seulement comme disposition ornementale, mais aussi pour les couleurs ; et nous applaudissons sans restrictions aux progrès faits sous ce rapport par notre grand établissement national. Les gravures sur bois, ainsi que les diverses vignettes, dues au concours de M. et de Mme Toudouze, de MM. Steinbul, Gaucherel, Brevière et Lavoignat, ne méritent que des éloges au triple point de vue du dessin, de la gravure et du tirage.

Bref, l'*Imitation de Jésus-Christ*, sauf peut-être les imperfections heureusement minimes, est et restera un des plus beaux livres qui soient jamais sortis de la presse. A côté de cette œuvre spéciale, nous avons admiré les spécimens des caractères français et étrangers exposés par l'imprimerie impériale, répertoire si riche d'un trésor de gravure et d'érudition, témoignage éloquent du talent de M. Marcelin Legrand, le graveur par excellence de tous ces types des langues asiatiques, si compliquées par leurs innombrables combinaisons.

Faisons remarquer cependant que certaines langues qui ne sont pas sans importance ont été négligées comme multiplicité de corps. Ainsi pour l'hébreu, quatre corps seulement, dont deux avec voyelles; pour l'allemand, huit corps seulement.

En outre des produits spécialement créés pour l'exposition, et qui sont l'*Imitation* et les spécimens, l'imprimerie impériale a exposé aussi des volumes de sa magnifique collection orientale, le livre des *Rois*, et les traductions de MM. Burnouf et Mohl.

Il est fâcheux que l'imprimerie impériale n'ait pas exposé quelques ouvrages sortis de ses presses mécaniques. Le tirage d'un livre de luxe n'est après tout qu'une question de soins et de temps. L'imprimerie impériale ne possède pas moins de 14 presses à vapeur.

Les branches accessoires de la typographie manquaient complétement dans l'exposition de cet établissement. Nous n'avons rien vu en galvanoplastie, zincographie etc. etc., en lithographie et gravure sur pierre. L'imprimerie impériale n'a exposé que ses belles cartes géographiques et géologiques, placées d'ailleurs d'une manière si désavantageuse qu'il était difficile d'apprécier l'exécution supérieure qui les distingue.

L'imprimerie impériale de France a vaillamment combattu dans la lutte industrielle provoquée entre toutes les nations du globe; la grande médaille d'honneur qui lui a été décernée ne pouvait pas être accordée à plus juste titre; et cependant ce n'est pas là, nous l'avouerons, la récompense que nous avions rêvée pour elle; il nous semblait qu'elle en méritait une plus haute et plus éclatante.

L'imprimerie impériale n'avait pas reparu dans la lice depuis 1806, où elle avait été mise hors de concours, à raison même de sa supériorité hautement constatée par le rapport du jury. Cette exclusion n'était pas seulement un bel éloge; elle était aussi, selon nous, un acte d'équité.

N'oublions pas, en effet, que, très différente en cela des manufactures de Sèvres et des Gobelins, qu'on peut considérer à la rigueur comme de magnifiques établissements particuliers, exclusivement dépendants de la liste civile, et dont les splendides chefs-d'œuvre se produisent sous l'inspiration et grâce à la munificence personnelle de l'Empereur, l'imprimerie impériale est un établissement de l'Etat. L'imprimerie impériale, c'est à proprement parler le Gouvernement lui-même. Or, par décret du 25 juillet dernier, inséré au *Bulletin des lois*, un crédit spécial de 350,000 fr lui a été ouvert en vue de couvrir les frais qu'elle avait dû faire pour se présenter dignement à l'Exposition universelle, et cela sans préjudice des nouveaux crédits qui devront ultérieurement parer à l'insuffisance du premier.

Eh bien ! avec de si puissants éléments de succès, est-il bien rationnel, dans un concours industriel comme celui qui vient de se fermer, que le Gouvernement lui-même fasse concurrence à l'industrie privée pour l'obtention des récompenses ? Si l'imprimerie impériale de Paris, aussi bien que l'imprimerie impériale de Vienne, avait été considérée comme devant être mise de droit hors de concours, l'industrie privée, qui, elle aussi, a produit des chefs-d'œuvre, qui les a produits sans le secours d'aucune subvention, à ses risques et périls, aurait pu obtenir dans la vingt-sixième classe la grande médaille d'honneur qui lui a été décernée dans d'autres industries, et le rang plus élevé qu'auraient pris quelques imprimeurs dans l'ordre des récompenses n'aurait amoindri en rien la haute réputation et la supériorité inconstestable des deux imprimeries officielles de France et d'Autriche.

M. Mame, de Tours. — Après avoir cité les deux imprimeries impériales, parlons de la 3e grande médaille d'honneur obtenue par la typographie, et donnée à M. Mame, imprimeur à Tours. Cet honneur est la récompense d'une exposition complète, comprenant des ouvrages tels que des petits paroissiens joliment cartonnés au prix de 35 centimes, l'*Imitation de Jésus-Christ*, dorée sur tranche, reliure gaufrée, à **1 fr. 25**; des livres d'éducation française se vendant en feuilles à raison de **8 fr.** la rame, c'est-à-dire très peu plus que le papier blanc, la modicité des prix n'altérant pas la bonne exécution; puis des volumes dont la valeur augmente graduellement pour arriver à un véritable chef-d'œuvre, à *La Touraine*, magnifique volume, tiré à **1,000** exemplaires, réunissant toutes les beautés typographiques, des gravures sur bois et sur acier, que M. Mame vend **100 fr.**; prix néanmoins qui ne suffira pas à l'indemniser des frais énormes d'établissement, en supposant qu'il parvienne à vendre toute l'édition.

Pour arriver à de semblables résultats, il a fallu que **M. Mame** réunît dans sa maison toutes les industries indispensables à l'imprimerie et à la librairie. Son atelier de reliure est le plus vaste, le plus beau et le plus complet de France, et sans doute de l'Europe.

M. Mame est secondé par des typographes et des artistes habiles qui, en leur qualité de coopérateurs, ont obtenu du jury de nombreuses et brillantes marques de distinction. Nous citerons **M. Fournier**, ancien imprimeur à Paris, directeur de l'imprimerie de M. Mame, qui a reçu une médaille de 1re classe et la croix de la légion d'honneur, et **MM. François et Girardet**, artistes dessinateurs, qui ont mérité une médaille de 1re classe. Des trois grandes médailles d'honneur, on voit que la France en a obtenu deux.

La récompense la plus élevée après celle-ci est la médaille d'honneur en or. Il n'en a été accordé que trois, et toutes trois à la typographie parisienne: à **MM. Claye, P. Dupont et Plon**. Nous ne pouvons nous empêcher de citer, dans la vitrine de M. Claye, le *Livre des Peintres* et la *Galerie de Rome*; dans celle de M. Dupont, un volume d'épreuves, *Les Trois Règnes de la Nature*, l'*Histoire de l'Imprimerie*, dont il est en même temps l'auteur; dans celle de M. Plon, un *La Fontaine* en caractères microscopiques; le *Livre de Mariage*, en plusieurs couleurs, avec miniatures, cadres, fleurons, etc., *Les*

Vierges de Raphaël, et de charmantes aquarelles en typographie, où les teintes ne sont pas seulement des teintes plates, mais vont en mourant, comme le fait l'artiste avec son pinceau.

Un travail très remarquable était exposé dans la vitrine de M. P. Dupont, et a valu à son auteur, M. Moulinet, ouvrier compositeur, une médaille de 2me classe. Nous voulons parler d'une gravure de la statue de Guttemberg, d'après David, exécutée en filets typographiques. Un typographe a peine à se rendre compte des difficultés sans nombre qu'il a fallu surmonter pour arriver à un semblable résultat.

IMPRIMERIE, LIBRAIRIE.

Cherchons actuellement à donner un aperçu général de la typographie et de la librairie au Palais de l'industrie.

Les imprimeurs et les éditeurs importants des cinq parties du monde nous ont envoyé à l'envi de remarquables spécimens de leurs productions. L'Espagne, les Etats-Unis, la Grèce, la Hollande, le Mexique, le Portugal, la Suède, la Toscane, le Wurtemberg, etc., qui avaient fait défaut à l'exposition de Londres, ont répondu à l'appel de la France; l'Océanie même a envoyé son contingent. Les Etats napolitains, la Russie, la Suisse, la Turquie et la Chine ont seuls, parmi les états importants, manqué à ce grand concours international.

Le nombre des exposants appartenant à la typographie s'élève à près de deux cent cinquante, répartis entre trente-six états. La France, à elle seule, compte plus des deux cinquièmes des exposants et forme en quelque sorte une exposition particulière.

Les produits admis à l'Exposition universelle peuvent se ranger en quatre classes ou écoles : 1° l'*école française*, qui domine dans la majeure partie des exposants; 2° l'*école anglaise*, qu'on retrouve dans ses colonies, en Asie, en Océanie et dans l'Amérique du Nord ;

3° l'*école allemande*, qui se distingue des deux autres écoles européennes par la forme de ses caractères, et qui se rencontre dans les pays allemands et dans les états du nord ; 4° enfin l'*école orientale*, qui offre un type tout spécial, et qui, répandue dans plusieurs pays de l'Europe, domine surtout en Asie et en Afrique.

Vingt-trois états européens figurent à cette exposition : le duché d'Anhalt-Dessau, l'Angleterre et l'Ecosse, l'Autriche, la Bavière, la Belgique, le duché de Brunswick, le Danemark, l'Espagne, les Etats pontificaux, la ville libre de Francfort, la France, la Grèce, le duché de Hesse-Cassel, la Hollande, le Portugal, la Prusse, la Sardaigne, les duchés de Saxe-Cobourg et Saxe-Cobourg Gotha, la Saxe Royale, la Suède et la Norwége, la Toscane et le Wurtemberg.

Angleterre et Ecosse. — L'Angleterre peut être considérée comme un des premiers pays de productions typographiques de tous genres. Le nombre infini de livres et de bibles en toutes langues imprimés chaque année dans cet état lui donne sans contestation cette prééminence. La plupart de ses produits peuvent rivaliser, pour la perfection même, avec les meilleurs de la France ; mais il faut dire que tout y contribue dans ce riche pays. Les éditeurs et imprimeurs trouvent des appréciateurs éclairés et généreux qui encouragent leurs publications. La qualité supérieure des papiers anglais, la forme demi-maigre des caractères, la disposition légère des titres et des titres courants, l'interligne large de la composition, la perfection des encres d'impression et des mécaniques, et, par suite, la netteté des tirages, tout concourt à donner à la majeure partie des publications anglaises un air particulier d'aisance confortable qu'on rencontre rarement ailleurs ; aussi la typographie anglaise forme-t-elle une école particulière. Les langues principalement imprimées en Angleterre sont, indépendamment de la langue nationale, le latin, le grec et les idiomes de l'Orient. L'exposition de l'Angleterre, remarquable en elle-même, ne saurait toutefois donner une idée complète de l'importance de son industrie. On ne compte que vingt-huit libraires ou imprimeurs de l'Angleterre et de l'Ecosse dont les produits sont exposés, nombre bien minime quand on pense que la ville de Londres seule possède plus de cinq cents imprimeries. Les exposants sont surtout des imprimeurs-libraires, et les productions de la typographie d'outre-mer ne nous sont connues que par l'exposition de leurs éditeurs. Londres, Edimbourg et Hertford sont les seules villes dont les produits aient paru à l'Exposition.

Nous devons citer en première ligne M. Stephen Austin, imprimeur de la compagnie des Indes orientales, à Hertford, près de Londres, qui a obtenu une médaille de 1re classe ; il a exposé un véritable chef-d'œuvre typographique, la *Sakuntala*, tragédie traduite du sanscrit, splendide volume petit in-4 carré, imprimé sur papier superfin, avec des encadrements en couleurs et des gravures à plusieurs teintes dans le goût oriental, d'un gracieux effet.

Citons encore de Longmann, Brown et Green, une curieuse reproduction d'un vieux livre de prières de la reine Elisabeth, imprimé par John Day en 1569. L'ouvrage, du format petit in-8°, est encadré de dessins de l'époque ; le texte est imprimé en caractères qui reproduisent aussi les vieux types. Si ce n'est pas une œuvre de progrès, c'est un modèle de reproduction qui a son mérite.

Il n'existe point d'imprimerie royale en Angleterre. Toutefois la reine d'Angleterre a exposé elle-même, aux termes du catalogue officiel, un ouvrage intitulé : *The natural history of the Dee side and Braemer*. Ce volume est un des plus jolis de l'exposition.

L'impression des journaux a dans ce pays une perfection et un développement qu'on ne retrouve pas ailleurs. Nous avons vu à l'exposition un des premiers et un des derniers numéros du *Times*. Quel progrès ! Quelle différence ! Cependant l'*Illustration* de nos voisins d'outre-mer nous a paru fort loin d'égaler l'*Illustration* de MM. Paulin et Lechevalier, imprimée par MM. Firmin Didot.

L'exposition anglaise, qui a offert tant de beaux et remarquables ouvrages, ne contenait aucun de ces petits livres à bon marché des-

tinés au peuple, aux voyageurs et aux enfants, et dont ce pays abon-
de. C'était une lacune regrettable. Les *indestructible books*, ces
petits volumes d'éducation, imprimés sur toile pour résister au génie
destructeur des enfants, n'eussent pas été déplacés au milieu des inventions originales que renfermait le Palais de l'industrie.

L'importation des publications anglaises en France atteint aujour-
d'hui le chiffre de 400,000 fr. Nos exportations dans ce pays dépassent en moyenne 1,300,000 fr. par an.

Belgique. — L'exposition de la Belgique a une certaine importance. Les productions de ce pays appartiennent à l'école française.
Les publications des imprimeurs belges ont, en effet, avec les nôtres
un air de famille qui ne surprend pas, et qui a sa cause naturelle
dans l'ancien commerce de reproduction de nos ouvrages et dans
l'usage de la même langue.

Les impressions de ce pays sont faites principalement en langues
française et flamande, et en langue latine pour la liturgie. On comptait à l'exposition belge douze imprimeurs ou libraires, appartenant
aux villes de Bruxelles, Gand, Malines, Namur et Tournay.

La maison Janar, de Bruxelles, a exposé plusieurs ouvrages sortis
de ses presses et de celles de MM. Delevinque et Callevaert, qui sont
remarquables par leurs bonnes dispositions et leurs illustrations.
Nous citerons le *Catéchisme illustré de Malines*, in-8; les *Splen-
deurs de l'art en Belgique*, grand in-8; une *Histoire de la Belgique*, même format.

Nous citerons encore M. Muquard, libraire-éditeur, qui a obtenu
une médaille de 1re classe, et qui a exposé, parmi de beaux ouvrages illustrés, un *Voyage au bord du Rhin* et une *Histoire de la Belgique*; M. Van Doosselaère, imprimeur à Gand, qui a reçu une médaille de 2e classe et a exposé des livraisons d'une collection de vases
antiques avec texte in-folio.

La Belgique importe annuellement en France pour une somme de
plus de 500,000 fr., dont la majeure partie se compose de livres

en langues mortes et étrangères, et principalement de livres liturgiques. Nos importations s'élèvent à plus de 2,700,000 fr.

Hollande. — La Hollande est la terre classique de la typographie. C'est dans ce pays que parurent les premières belles impressions typographiques, dues aux Elzevir, dont elles ont conservé
le nom. Ces habiles imprimeurs créèrent alors ces éditions format
petit in-12, qui ont reparu de nos jours comme nouveauté : la curieuse réimpression des elzevirs dans une édition d'Horace par
MM. Firmin Didot, et la Bibliothèque elzevirienne imprimée par
MM. Guiraudet et Claye, pour la maison Jannet.

La typographie hollandaise est de l'école française. Il n'en pouvait être autrement, puisque les origines sont toutes françaises. Ses
premiers caractères lui sont venus de nos fondeurs. Ses papiers si
renommés sont d'abord sortis de nos fabriques d'Angoulême. Enfin
l'absence de la liberté de la presse, sous l'ancien régime, faisait imprimer dans ce pays tous les ouvrages dont la publication n'était pas
permise en France. On retrouverait peut-être dans ce dernier fait
la cause première de ce commerce de reproduction française qui a
causé tant de tort à nos industries.

Une société, formée à Amsterdam pour les intérêts de la librairie
néerlandaise, qui d'ailleurs a été récompensée par une médaille de
1re classe, a eu la bonne pensée de réunir en une seule exposition les
produits des imprimeurs et éditeurs de ce pays. Le catalogue spécial
de cette exposition compte plus de cent éditeurs ou imprimeurs et plus
de quatorze cents ouvrages. On remarquait à cette exposition collec-
tive une *Bible* complète en latin, grand in-folio, publiée par MM.
Enschedé, de Harlem, œuvre de forte typographie, sinon de luxe et
de fini, et des Bibles et des Nouveaux Testaments en langue ma-
laise, d'une parfaite exécution ; aussi M. Enschedé a-t-il reçu une
médaille de 1re classe.

Le chiffre des importations et des exportations directes entre la
France et la Hollande est peu important.

Sardaigne. — MM. Chirio et Mina, imprimeurs à Turin, ont exposé un superbe volume grand in-folio, imprimé en gros et beaux caractères des types Didot, avec encadrements dans le goût des manuscrits du quinzième siècle. Cet ouvrage est intitulé : *Histoire de l'Abbaye d'Alta Comba.* Des exemplaires ont été tirés tout en noir; d'autres ont les encadrements tirés en or. Rien de plus splendide que l'exemplaire de ce dernier genre qui se trouvait à l'exposition.

MM. Chirio et Mina ont reçu une médaille de 1re classe.

Toscane. — Nous citerons une *Notice sur l'Histoire des Sciences physiques,* in-folio, imprimée par M. Cellini, et l'*Histoire des couvents de Saint-Marc de Florence,* in-4°, imprimée par M. Panigli, tous deux de Florence.

Etats romains. — Nous mentionnerons pour simple mémoire le *Catalogue des médailles consulaires,* in-4, publié par M. Rinio de Rome et de Naples.

Vénétie. — A Venise, dans les possessions italiennes de l'Autriche, nous trouvons plusieurs produits typographiques importants, notamment ceux exposés par les religieux méchitaristes arméniens du couvent de Saint-Lazare ; une médaille de 1re classe a été décernée à cet établissement.

Les Italiens importent annuellement en France pour 80,000 fr. de livres en langues étrangères. Nos exportations, dans ce pays, dépassent un million de francs, dont 600,000 fr. pour la Sardaigne seule.

Espagne. — L'Espagne, qui a d'importantes maisons d'imprimerie et de librairie à Madrid, à Barcelone, n'a présenté que quelques produits typographiques. Plusieurs ouvrages illustrés avec des vignettes françaises et quelques ouvrages d'éducation et de piété imprimés par M. Verdaque, de Barcelonne, et M. Grases, de Girone, voilà à peu près le contingent plus que modeste de l'Espagne à l'exposition universelle.

L'Espagne importe annuellement en France pour une somme d'environ 25,000 fr. Le chiffre de nos exportations dépasse en moyenne 350,000 fr.

Portugal. — Le catalogue officiel ne nous donne pour le Portugal que le nom d'une seule maison d'imprimerie, MM. José de Castro frères, imprimeurs à Lisbonne. Leur exposition consiste simplement dans une forme typographique composée de figures géométriques faites à l'aide de filets de zinc. Ce serait un procédé qui aurait un utile emploi dans les livres de science; reste à savoir s'il y a économie de main-d'œuvre et assurance de durée dans l'emploi de ce système. Déjà en France des travaux analogues ont été faits avec une rare perfection par MM. Monpied et Moulinet; mais ces travaux estimables, toujours longs à exécuter, sont des tours de force typographiques, dont on peut rarement tirer un parti avantageux dans la partie usuelle de l'imprimerie.

Ce pays, où la fabrication typographique est peu active, reçoit annuellement de la France pour une somme environ de 280,000 fr. de livres, dont plus de 70,000 fr. en langues mortes ou en langue portugaise.

Etats allemands. — L'Allemagne, et notamment la ville de Leipzig, est le centre et le principal marché de la librairie pour tout le nord de l'Europe. Au seizième siècle, Francfort était le rendez-vous de toute la librairie allemande. Au dix-septième siècle, d'une part la gêne apportée au commerce de la librairie à Francfort par la censure impériale, de l'autre la protection donnée en Saxe par l'électeur de cet État, firent la fortune de Leipzig. Bientôt Francfort perdit son ancien éclat, et Leipzig succéda à la ville impériale.

Les caractères gothiques des impressions allemandes contribuent à en faire une école spéciale. L'Allemagne s'est plu, sans motifs sérieux et sans aucun avantage, à conserver seule en Europe, depuis l'origine de l'imprimerie, cette forme de caractères, alors que les autres Etats européens ont tous admis la même uniformité pour leur alphabet. On sait que les caractères gothiques dont on se servait au quinzième siècle n'étaient pas plus la forme obligée de la langue germanique que de toute autre langue européenne, mais qu'ils étaient la simple reproduction des manuscrits, qui se faisaient tous dans ce genre à l'époque de la découverte de l'imprimerie.

L'uniformité de l'alphabet européen est très désirable. Un mouvement en ce sens s'est déjà produit depuis quelques années en Allemagne, et nous avons remarqué à l'exposition un certain nombre d'ouvrages allemands imprimés en caractères romains.

Dix états allemands ont envoyé leurs produits typographiques à l'exposition universelle ; nous devons citer en première ligne l'Autriche, le royaume de Saxe, la Prusse et le Brunswick.

Autriche. — L'Autriche est le premier des états allemands à mentionner, à cause de la belle exposition de son imprimerie impériale de Vienne. Mais, il faut le dire, là se borne à peu près l'exposition autrichienne, si l'on en excepte celle de MM. Engel et Förster, de Vienne ; M. Geibl, de Pesth, et M. Viniker, de Braün, qui ont exposé des produits appartenant autant à la gravure qu'à la typographie.

Prusse. — L'exposition de la Prusse était fort peu considérable. Elle consistait surtout en quelques volumes exposés par MM. Dunker et Dumler, libraires à Berlin. Ces ouvrages, ornés d'illustrations et d'encadrements, se recommandaient par leur excellente exécution, due à des imprimeurs de Berlin et de Leipzig.

La Prusse n'a pas d'imprimerie royale ; aussi ses imprimeries particulières font-elles beaucoup de publications en langues orientales. Les autres produits de ce pays sont en langue allemande et en langues mortes.

Saxe. — Ses productions sont naturellement de l'école allemande, et quatre imprimeurs seulement de Leipzig, MM. Brockhaus et fils, Giesecke et Devrient, Hirschfeld, Teubner, ont exposé. Tous les quatre ont obtenu chacun une médaille de première classe.

Nous citerons de M. Teubner, mort récemment, une *Bible* et une *Imitation de Jésus-Christ*, en allemand, in 8 ; une *Histoire de l'Imprimerie*, avec illustration, in-4 ; les *Didascalica apostolorum*, en syriaque; la Collection tubnérienne des classiques grecs et latins, format in-12.

MM. Brockhaus et fils ont la maison la plus considérable de l'Allemagne. Il sort chaque année de leurs presses un nombre infini de feuilles imprimées. Leur *Dictionnaire de la Conversation*, œuvre considérable, est loin de valoir typographiquement le *Dictionnaire de la Conversation* imprimé par MM. Firmin Didot. MM. Brockhaus, néanmoins, sont pour ainsi dire les rois et les oracles de la typographie allemande ; mais nous désirerions qu'ils fussent un peu plus scrupuleux en fait de propriété littéraire.

MM. Giesecke et Devrient ont exposé un volume qui mérite une mention spéciale à cause de sa remarquable exécution. Cet ouvrage est intitulé : *Fragmenta sacra palimpsesta Veteris et Novi Testamenti*. C'est une reproduction en *fac-simile* typographique des cinq manuscrits publiés par les soins de M. Tischendorf. L'écriture des manuscrits est en lettres onciales ou majuscules, gravées tout exprès.

M. Hirschfeld a exposé un livre de prières, format in-18, imprimé tout en or, qui peut passer pour une rareté et une curiosité bibliographique, quatre exemplaires ayant été seulement tirés.

Brunswick. — Après la Saxe royale, l'état allemand dont l'exposition était la plus remarquable est le duché de Brunswick.

MM. Vieweg s'occupent plus spécialement de publications scientifiques, avec gravures intercalées dans le texte. Ces impressions sont généralement soignées et aussi bonnes qu'elles peuvent l'être avec les papiers communs de l'Allemagne; mais elles ne nous ont pas paru pouvoir rivaliser, pour le fini de la gravure et du tirage, avec les publications semblables imprimées à Paris.

M. Vestermann publie des ouvrages d'un genre plus élevé sur l'histoire et la littérature, et de grands dictionnaires qui ont un véritable mérite d'exécution.

MM. Vieweg ont obtenu une médaille de première classe.

États secondaires. — Après l'Autriche, la Saxe, la Prusse et le duché de Brunswick, il ne reste pas d'états allemands dont l'exposition mérite une attention particulière. Citons cependant les produits du Wurtemberg, exposés par **M.** Schweirerbo, imprimeur-libraire à Stuttgard; **MM.** Katz frères, de Nassau, et plusieurs imprimeurs et éditeurs de Francfort, qui ont envoyé des volumes avec gravures, parmi lesquels il faut distinguer un bel ouvrage in-folio sur l'art et les coutumes du moyen âge, publié par M. Henri Keller.

La Bavière n'est représentée que par une collection assez médiocrement imprimée du *Journal de la Société pour le perfectionnement des métiers à Munich.* Enfin, il faut citer la maison Juste Perlhes, de Gotha, qui s'occupe plus spécialement de cartes géographiques, et dont l'exposition offre à cet égard un grand et remarquable assortiment. M. Juste Perlhes a obtenu une médaille de première classe.

Le chiffre de l'importation en France des produits typographiques des états allemands dépasse annuellement 400,000 fr. Nos exportations directes dans ce pays s'élèvent à une somme inférieure : triste réalité, qui n'est que trop justifiée par le commerce de contrefaçons françaises qui se fait encore dans une partie de ces états!

Danemark. — Le Danemark, qui a obtenu une grande médaille d'honneur pour le piano-compositeur de M. Sorensen, n'a pas envoyé directement de produits typographiques. C'est à l'exposition d'un relieur de Copenhague que nous avons trouvé de beaux et gros volumes en caractères gothiques, bibles, livres de psaumes, etc., bien disposés et imprimés avec soin par M. Biancolunó, de Copenhague.

Suède et Norwége. — La Suède et la Norwége ont fait chacune leur exposition.

Les produits de la Norwége nous ont paru les plus remarquables. Notre attention s'est surtout portée sur une belle bible en caractères gothiques, imprimée par M. Grondbahl, de Christiania.

Quant à la Suède, elle a un genre de disposition typographique qui lui est particulier. Ses impressions, sans titres courants, ont les folios placés sur le côté des pages. Nous ne trouvons pas cette innovation heureuse; toutefois, quelques volumes nous ont paru imprimés avec goût et se rapprochant heureusement de l'école française.

Les importations et les exportations entre la France et ces pays sont sans importance réelle.

Grèce. — Ce pays, qui fait de constants efforts pour revenir à la vie intellectuelle et à la civilisation, avait envoyé son modeste contingent à l'exposition. Il consistait principalement en un *Dictionnaire grec*, grand in-8 à trois colonnes, imprimé par M. Koromilas, d'Athènes, à qui le jury a décerné une médaille de première classe.

Les impressions typographiques ne sont pas sans importance en Grèce. Il règne une certaine activité dans les imprimeries d'Athènes. Le Gouvernement possède une imprimerie qui exécute d'assez bons travaux; *le Moniteur grec* s'y imprime en langue française, fait assez curieux pour qu'il en soit fait ici mention.

Nos exportations dans ce pays sont peu importantes; l'importation est nulle.

AMÉRIQUE.

La partie du monde où la typographie est la plus active après l'Europe est certainement l'Amérique. Aux Etats-Unis surtout , l'art de Guttemberg est pratiqué avec une industrieuse activité dont plusieurs états d'Europe ne peuvent approcher. Trois pays seulement étaient représentés à l'exposition universelle , les Etats-Unis, le Canada et le Mexique, et les publications de cette partie du monde appartiennent à l'école anglaise.

Etats-Unis. — Nous n'avons pu juger des produits de l'imprimerie des Etats-Unis que par quelques volumes in-4, imprimés avec assez de soins à New-York , Albany et Philadelphie, et exposés par M. Vattemare , fondateur du système d'échange international. Cependant il se fait de bonnes et belles impressions dans cet industrieux pays , où l'on compte plus de quatre mille imprimeurs. Le nombre des journaux quotidiens et hebdomadaires dépasse trois mille. Aussi est-il à regretter que les imprimeurs américains n'aient pas répondu à l'appel de la France.

Vous avez sans doute remarqué un volume in-8 imprimé sur papier caoutchouc, publié à New-Haven , aux frais de M. Godyear, grand fabricant de caoutchouc, ne laissant rien à désirer pour la disposition typographique. Les caractères sont d'une belle gravure ; chaque page est entourée d'un simple filet avec jolies vignettes aux angles. L'impression ressort bien sur ce papier d'un nouveau genre, qui ne brille que par la blancheur. Ce lourd volume, dont les pages sont peu maniables et sujettes aux influences de la température, a l'avantage, fort peu grand pour MM. les imprimeurs, d'être presque inusable et de pouvoir être lavé comme du linge. Imprimé sur caoutchouc et relié en caoutchouc, il donne l'histoire même du caoutchouc, de la découverte et de l'usage de ce précieux produit. Il a été tiré à un très petit nombre d'exemplaires et n'a pas été mis dans le commerce.

Les Etats-Unis nous envoient annuellement pour 35,000 fr. de publications américaines. Nos exportations dans ce pays dépassent 600,000 fr.

Nouvelle-Bretagne. — Six imprimeurs de la Nouvelle-Bretagne ou du Canada, MM. Lowell, Mackay, Rose, Saltiret, Starche, de Montréal ; M. Smith, de Saint-Jean, ont envoyés leurs produits typographiques à l'Exposition universelle. Ces ouvrages se distinguent par une exécution convenable qui rentre dans l'école anglaise.

Le chiffre de nos exportations directes dépasse 150,000 fr.

Mexique. — Le Mexique, quoique situé au fond de l'Amérique, et malgré ses dissensions intestines, a envoyé plusieurs échantillons d'une typographie soignée pour un pays si peu avancé.

M. Complido, imprimeur à Mexico, a exposé des Keepseakes du format in-8, avec des encadrements ornés à chaque page et tirés en diverses couleurs. Mais le chef-d'œuvre de l'exposition mexicaine était un mince volume in-8, richement relié en velours et reproduisant un sermon en langue espagnole. Ce volume offre la particularité d'être imprimé avec des encadrements tirés en argent, ce qui est d'un assez heureux effet. Inspiré par l'école française, il ne serait pas déplacé auprès de plus d'un produit européen. M. Complido a obtenu une médaille de deuxième classe.

La fabrication courante est, du reste, à peu près nulle dans ce pays. La France y expédie annuellement pour une somme d'au moins 450,000 fr.

Les Etats de l'Amérique du Sud tirent presque tous leurs livres espagnols de l'Europe, et particulièrement de la France. Le chiffre de nos exportations dans ces pays, et notamment au Brésil, au Chili et au Pérou, dépasse annuellement 1,500,000 fr.

Australie. — Les volumes exposés par les imprimeurs de l'Aus-

tralie ont un air de famille avec la mère patrie. Parmi ces publications nous avons remarqué un *Annuaire de la Nouvelle-Galle* pour
l'année 1854, imprimé par MM. Vangk et Cox, de Sidney, dans le
format in-4, avec des tableaux statistiques bien exécutés; un *Catalogue de l'exposition des produits à Milbourne*, du format in-4,
imprimé par MM. Reading et Wellbarek, de Sidney.

Les journaux anglais de ce pays ont une importance et des dimen-
sions aussi grandes que ceux de Londres et de New-York. L'*Adver-
tiser-Office*, imprimé à Milbourne par M. Serres ; l'*Argus*, imprimé
dans la même ville par MM. Wilson et Mackinnon; le *Bandigo Ad-
vertiser*, sortant des presses de M. Georges Cox, de Sandhurst, ne
laissent rien à désirer pour la disposition et le tirage. Plusieurs numéros de ces journaux envoyés à l'Exposition étaient tirés sur soie, les
uns en couleur noire sur soie blanche ou rose, les autres en couleur
blanche sur soie noire. Nous avons aussi remarqué le programme
d'un concert donné à Melbourne, imprimé en couleur blanche sur
soie noire. Nous ne sommes pas habitués, en France, à un genre
aussi coquet d'impression ; mais il est d'usage en ce pays d'offrir au
gouverneur d'une province des journaux imprimés de cette manière,
quand il fait une tournée d'inspection.

Tasmanie. — Les publications exposées par les imprimeurs de la
terre de Van Diemen ne sont pas moins remarquables que celles de
leurs confrères d'Australie. Nous avons distingué une *Statistique de
la terre de Van Diemen*, pour l'année 1854, imprimée avec goût par
M. Bernard, de Hobard-Town ; le *Courrier*, journal sorti des presses de MM. Best, de la même ville ; une *Histoire de la Tasmanie*,
format in-8, éditée par M. Dowlurg, de Tauneerton ; *Une année en
Tasmanie*, format in-8, publiée par M. Fletcher, de Hobard-
Town.

Indes Anglaises. — Les produits typographiques exposés par la
Compagnie des Indes orientales sortaient des imprimeries établies à

Bangalore, Calcutta, Madras, etc., qui toutes appartiennent aux missions évangéliques. Il s'imprime dans ces établissements un nombre prodigieux et varié de Bibles dans tous les formats et dans tous les idiomes de l'Orient, en hindou, malgache, tamoule, mantchou, singalais, etc. Les diverses éditions des Bibles, qui étaient exposées dans une sorte de pagode en beau bois d'ébène, sont toutes remarquables par leur bonne exécution, et témoignent du progrès typographique dans ces contrées si éloignées.

Ile de Ceylan. — L'imprimerie des missions évangéliques établie à Colombo, dans l'île de Ceylan, avait envoyé des exemplaires format in-12 de classiques primaires à l'usage des écoles de l'île : un *Syllabaire*, une *Géographie*, une *Histoire de l'Etat de Ceylan*, imprimés en langue singalaise avec un soin qu'on ne retrouve pas toujours en Europe dans les ouvrages de ce genre.

Inde française. — Notre colonie française de l'Inde avait aussi envoyé son contingent à l'Exposition. Nous avons remarqué des impressions en langue tamoule sorties des presses de l'imprimerie de la congrégation des missions étrangères à Pondichéry.

Egypte. — L'exposition africaine la plus importante est celle de l'imprimerie du vice-roi d'Egypte, à Boulack, près du Caire ; elle se compose de plus de cent cinquante volumes, format in-8, en arabe, en turc et en persan, dont quelques-uns sont enrichis d'arabesques assez soignées, eu égard à l'état arriéré de ce genre d'industrie dans ces pays. Aussi cet établissement a-t-il obtenu une médaille de première classe.

Algérie. — L'Algérie, cette nouvelle terre française, a envoyé aussi de remarquables travaux typographiques. Nous ne parlerons que pour ordre des beaux manuscrits arabes exposés par Ahmed-ben-Ayad et Mohammed-ben-Mazabeth, de Tlemcen, ces manuscrits ne se rattachant à la typographie que par leur caractère d'imitation. Mais nous devons une mention toute spéciale à l'exposition de **M. Bastide**, imprimeur-libraire à Alger, qui a beaucoup contribué par ses publications arabes et françaises à populariser l'étude de ces deux langues dans notre jeune colonie. Nous avons remarqué, parmi ses nombreuses publications en arabe, un *Cours de langue arabe*, par **M. Besnier**, format in-8, qui se distingue par une excellente disposition et exécution typographique. Il ne se fait pas mieux en France, même à notre imprimerie impériale. **M. Bastide** n'a obtenu du jury qu'une mention honorable.

Nos exportations en Algérie s'élèvent annuellement, en moyenne, à 350,000 francs.

Ile Bourbon. — Nous retrouvons encore la France à l'exposition des produits de l'île Bourbon. L'imprimerie des jeunes Malgaches de Notre-Dame-de-la-Ressource a envoyé plusieurs volumes en langue malgache, qui se distinguent par la netteté de leur impression. Un *Ordo* du diocèse de Saint-Denis, imprimé par **M. Lahuppe**, imprimeur de l'évêché, curieux spécimen de l'impression courante de notre colonie africaine, peut rivaliser sans désavantage avec les *Ordo* de la mère patrie.

Le chiffre de nos exportations annuelles de cette colonie dépasse 100,000 fr.

Cap de Bonne-Espérance. — Deux imprimeurs de cette importante colonie anglaise, MM. Saül Salomon et Van de Sandt de Villiers, de la ville de Captown, ont envoyé quelques volumes sortis de leurs presses, qui témoignent d'un certain mérite. Ces volumes appartiennent à l'école anglaise et en présentent la bonne contexture ; ce sont : un *Almanach* pour 1855, une *Statistique de la colonie*, avec tableaux, une *Description des forêts de l'Afrique méridionale*.

FRANCE.

La France comptait à l'Exposition universelle quatre-vingts exposants, dont cinquante pour Paris et trente pour les départements. Sur ce nombre, quarante-huit sont imprimeurs, et trente-deux seulement libraires ou éditeurs. Ce nombre est proportionnellement peu élevé comparativement au chiffre total des imprimeurs et des libraires de la France, qui dépasse cinq mille.

Une statistique récente porte à plus de huit mille le chiffre des ouvrages imprimés chaque année, et à plus de quatre-vingt-huit mille le nombre de feuilles dont se composent ces livres.

Les impressions faites en France sont pour la plus grande partie en langue française. Il s'imprime toutefois un certain nombre d'ouvrages en langues mortes, et notamment en latin et en grec.

La France exporte annuellement, en moyenne, pour une somme de plus de dix millions de francs, dont un million et demi en livres écrits en langues mortes ou étrangères. Les pays où nos exportations sont le plus importantes sont la Belgique, l'Angleterre, la Sardaigne, la Suisse, les Etats-Unis, le Mexique, le Chili, le Pérou, etc. Ces chiffres ne peuvent qu'augmenter en présence des conventions internationales qui sont conclues chaque jour, et qui auront pour effet d'éteindre complétement la contrefaçon des publications françaises. Les importations de livres en langues étrangères ne dépassent pas, pour les principaux états du monde, une moyenne d'un million et demi.

Les impressions en couleurs et en chromo, et à plusieurs nuances, qui sont devenues une sorte de mode depuis quelques années, avaient pour représentants de ce qui se fait de mieux en ce genre MM. Plon et Meyer, de Paris, et M. Silbermann, de Strasbourg.

M. Plon, véritable maître ès arts, a exposé un joli choix d'aquarelles typographiques présentant, nous l'avons déjà dit, un modelé qu'on n'avait pas encore obtenu.

M. Meyer a exposé des blasons fort habilement exécutés en couleurs, et un genre spécial d'impressions qui s'écartent un peu de la typographie, des modèles de tapisseries. Ces modèles, qui représentent généralement des fleurs, offrent jusqu'à cinquante nuances, obtenues seulement par quinze tirages. Il en existe d'un fini remarquable.

M. Silbermann, qui est aussi maître ès arts et a obtenu une médaille de première classe, présentait une exposition des plus variées. Nous y avons notamment remarqué l'*Ancienne bannière de Strasbourg*, reproduite d'après un tableau du quatorzième siècle, et imprimée en trente-six couleurs, et les *Vitraux des Quatre chevaliers*, reproduction du treizième siècle, en dix-huit couleurs, le tout d'un bel effet. Cet imprimeur se livre, d'après les mêmes procédés, à une fabrication considérable de petits soldats coloriés, qui sont collés sur carton et destinés aux enfants. Il n'y a rien à reprendre dans la production typographique de ces légions de soldats, « qui sortent annuellement des presses de M. Silbermann au nombre de cent vingt mille feuilles, et envahissent la France, l'Allemagne et l'Angleterre, au grand déplaisir des amis de la paix, qui les ont particulièrement signalés dans les journaux comme un puissant obstacle à l'accomplissement de leurs vœux ».

La vraie et pure typographie comptait de nombreux et remarquables produits. Le volume de *La Touraine*, édité et imprimé avec des illustrations par M. Mame, de Tours; l'*Exploration scientifique de l'Algérie*, éditée et imprimée par MM. Firmin Didot; *Les Vierges de Raphaël* et *Le Caucase pittoresque*, imprimés par M. Plon; *Le Paradis perdu*, de Milton, imprimé par M. Claye; *Nantes et la Loire-Inférieure*, publié par M. Charpentier, de Nantes; la réimpression du *Thesaurus linguæ græcæ*, *de Robert Estienne*, entreprise si belle et si honorable pour la maison Firmin Didot, etc., témoignent du goût encore existant pour la belle typographie et des progrès qu'elle continue de faire chez nous.

Après la vraie typographie se présente la nouvelle typographie de luxe, l'impression illustrée, création qui ne date que de quelques

années, et qui est déjà arrivée à une rare perfection ; aussi aujour-
d'hui un beau livre doit-il être illustré. Les produits de ce genre ne
manquaient pas à l'Exposition. *La Tourraine* peut encore rentrer
dans ce genre spécial, par les vignettes et les gravures dont elle est
ornée. M. Claye a exposé deux exemplaires des *Galeries de l'Europe*, publiées par M. Armengaud, l'un sur papier de Chine, l'autre
sur papier vélin, que chacun se plaisait à citer comme des modèles
du genre, pour la disposition typographique, le fini d'exécution et
le tirage des vignettes, dû au talent modeste de M. Joseph Wenter-
singer, l'ancien et fidèle directeur des mécaniques de cette imprimerie, à qui le jury a décerné une médaille de deuxième classe. *Les
Galeries de l'Europe* offrent sous le rapport typographique cette
particularité qu'on n'y rencontre au bout des lignes aucune division
de mots. M. Bénard, le successeur de la maison Lacrampe, a aussi
exposé des spécimens remarquables du tirage de l'*Histoire des
peintres*, cette belle publication illustrée, éditée par la maison
Renouard, sous l'intelligente direction de M. Jules Tardieu.

Combien d'autres livres à citer encore dans ce genre de publications illustrées : le *Paul et Virginie*, de Bernardin de Saint-Pierre,
imprimé par M. Evrat ; l'*Histoire de don Quichotte*, *Notre-Dame
de Paris*, par M. Plon ; *Les Trois Règnes de la nature*, par M. Paul
Dupont ; l'*Essai sur l'Architecture militaire* et le *Dictionnaire
d'Architecture*, par Bonaventure et Ducessois ; la *Bible de Royau-
mont*, par Gratiot ; ces deux dernières maisons ayant obtenu une
médaille de deuxième classe ; les *Fables de La Fontaine*, illustrées
par Granville, par M. Mame pour MM. Garnier ; l'*Alsace illustrée*,
par M. Silbermann, de Strasbourg.

Au même genre se rattachent les journaux illustrés, parmi lesquels nous citerons : l'*Illustration*, imprimée successivement, d'une
manière si remarquable, par MM. Lacrampe, Plon et Firmin
Didot ; le *Magasin pittoresque*, commencé d'une manière si heureuse par M. Martinet, et continué avec un égal succès par M. Best,
l'habile graveur des illustrations de ce recueil ; le *Journal pour*

tous, imprimé par M. Lahure, à un prix et à un nombre fabuleux.

L'impression des livres avec illustrations a conduit à l'impression séparée de gravures par la presse typographique, soit sur des bois gravés, soit sur des cuivres en relief produits par la galvanoplastie, soit sur des planches de zinc reproduites en relief. Dans ce genre M. Plon a exposé des gravures d'une belle grandeur, notamment l'*Attaque d'une redoute en Crimée* et le *Débarquement de la reine d'Angleterre*. Dans le même genre, on remarquait à l'exposition de l'*Economie domestique*, une *grande carte de France*, de MM. Lebrun et Labéalle, de 2 mètres 10 centimètres sur 1 mètre 50 centimètres, gravée en relief sur cuivre, et imprimée d'un seul coup sur presse mécanique, par M. Napoléon Chaix. C'est, nous le croyons, le premier essai fait sur une si grande dimension. A côté de la typographie illustrée de luxe se place l'illustration usuelle pour les ouvrages courants, et notamment pour les livres de sciences. Les volumes d'histoire naturelle, de mécanique, de chimie, etc., imprimés par MM. Lahure, Martinet, Plon et Remquet, ne laissent rien à désirer pour l'exécution dans ce genre. Il faut encore citer le *Traité de Physique* de M. Ganot, avec belles gravures sur bois, imprimé supérieurement par M. Claye.

Les publications courantes témoignent aussi d'un progrès remarquable. Il nous suffira de citer les œuvres de *S. M. Napoléon III*, grand in-8, par M. Lahure; le *Règne animal* de Cuvier, onze volumes in-4, par M. Remquet; l'*Histoire de France* de M. Henry Martin, par M. Duverger; les ouvrages de MM. Guizot, Villemain, Salvandy, etc., par MM. Bonaventure et Ducessois et Gratiot; le grand dictionnaire de M. Bouillet, imprimé par MM. Lahure et Panckoucke; la collection des classiques grecs avec version latine, format grand in-8, par MM. Firmin-Didot, dans leur établissement du Mesnil; les ouvrages de médecine avec gravure, par M. Martinet, pour M. J.-B. Baillière; les tableaux et ouvrages de mathématiques, imprimés et édités par M. Mallet-Bachelier; les ouvrages sur l'industrie et les sciences, édités par M. Victor Dalmont et imprimés par M. Thunot, de Paris, et M. Hennuyer, de Batignolles ; le *Dictionnaire d'administration* publié et imprimé par la maison Berger de Strasbourg ; la *Légende de saint Pourçain*, imprimée par M. Desroziers, de Moulins, et tant d'autres dont l'énumération serait trop longue, sortant des presses de MM. Cosnier et Lachèze, d'Angers ; Vingtrinier, de Lyon ; Marteville et Oberthur, de Rennes ; Marc Aurel, de Valence, etc., etc.

A côté de ces publications destinées aux gens du monde, les livres d'office et de liturgie occupaient un rang important à l'exposition française. Nous avons déjà cité le *Livre de mariage* et le *Paroissien*, illustrés et imprimés par M. Plon.

, L'éditeur M. Morizot offrait une belle variété de livres d'offices, fort élégamment reliés et imprimés avec encadrements, en noir et en couleurs, par M. Gratiot, de Paris, et M. Crété, de Corbeil ; M. Curmer a édité et fait imprimer chez M. Paul Dupont un *Paroissien* illustré, format grand in-32, avec encadrements en couleurs. MM. Bonaventure et Ducessois ont imprimé de jolis *Paroissiens*, dans lesquels nous avons remarqué des caractères italiques penchés de gauche qui étaient d'un bon effet. M. Bénard a exposé un *paroissien*, en latin et en espagnol, avec un lourd encadrement en rouge vif. La largeur des cadres et la vivacité de la couleur ne paraissent pas aux Français un choix heureux ; mais, ce livre étant destiné à l'Espagne, et les matrones espagnoles affectionnant ces lourdes et vives couleurs, l'imprimeur a dû s'incliner devant le goût de ces dames.

Des livres d'offices et de prières sont une des spécialités de la maison Mame de Tours, qui a entrepris ces impressions sur des proportions colossales. Aussi ce genre de livre était-il en grand nombre à son exposition, sous les formes de reliures les plus variées. *Paroissiens*, *Eucologes*, *Journée du Chrétien*, etc., de tous formats, de toute qualité, avec ou sans encadrements en noir et en couleurs. Après le grand établissement de M. Mame, nous devons encore mentionner MM. Vatar, de Rennes ; Barbou et Martial Ardant, de

Limoges; Cornillac, de Chatillon-sur-Seine, qui ont exposé un assortiment considérable de *Paroissiens* et livres de prières en tout genre et de tout prix.

Les livres d'offices ne sont pas les seules publications de cette spécialité. Les livres liturgiques destinés à MM. les ecclésiastiques et au service des églises, les *Missels*, les *Pontificaux*, les *Graduels*, les *Bréviaires*, etc., forment aussi une branche importante dont les produits figuraient avec honneur à l'Exposition.

En première ligne nous devons citer les maisons Adrien Le Clère et Firmin Didot. M. Adrien Le Clère, imprimeur de monseigneur l'archevêque et de N. S. P. le pape, a exposé des *Missels* et des *Bréviaires*, avec et sans plain chant, imprimés en noir avec rubrique en rouge, d'un fini parfait d'exécution pour les repères. Ces beaux livres ont été édités par la Société de liturgie romaine, dont M. Adrien Le Clère est un des principaux actionnaires. MM. Firmin Didot ont exposé quelques fascicules d'un superbe *Pontifical*, grand in-folio, avec jolies illustrations et riches encadrements à chaque page, imprimés en noir avec rubrique et encadrements en rouge. C'est un des plus beaux spécimens de typographie de l'Exposition, et nous souhaitons, par amour pour l'art typographique, que cette opération soit menée à bonne fin. La même maison a imprimé pour la même Société de liturgie un *Missel* in-4, en noir, avec rubrique en rouge, d'une bonne exécution. MM. Mame, de Tours; Forestier, de Montauban; Barbou, de Limoges; Repos, de Dijon, ont également exposé des *Missels*, imprimés en noir seulement, qui méritent une mention spéciale. Les missels de M. Forestier sont ornés d'illustrations qui en font, en ce genre, des ouvrages à part.

Au même genre se rattachent les impressions typographiques de musique et de plain chant. Trois maisons, celles de MM. E. Duverger, Tantenstein et Cordel, et Curmer, ont inventé des systèmes différents de clichés, généralement adoptés pour ce genre d'impression en relief.

Une autre branche importante de la librairie française à l'Exposition mérite encore une mention particulière : c'est la spécialité des livres d'éducation et de distributions de prix, illustrés et non illustrés. Dans ce genre, la variété des reliures et des cartonnages ornés joue un aussi grand rôle que la typographie. Cette spécialité était représentée à l'Exposition par MM. Mame, de Tours; Lehuby, Morizot et Didier, Delalain, de Paris; Martial Ardant et Barbou, de Limoges.

Après tant de genres divers que nous venons de passer en revue, nous avons encore à vous entretenir d'une spécialité qui a pris des proportions énormes dans ces dernières années, surtout depuis l'établissement des chemins de fer : nous voulons parler des impressions d'administration, et plus particulièrement des actions et obligations industrielles. Dans ce genre plusieurs maisons ont acquis une position spéciale par l'excellence de leurs produits. Ce sont : MM. Paul Dupont, Napoléon Chaix; Wiesener, qui a obtenu une médaille de 1re classe ; Plon, Meyer, etc. Les dessins et ornementations des actions et obligations de chemin de fer, leurs fonds dits de hasard, inimitables et inaltérables, produits à l'aide de procédés chimiques, leurs tirages en contre-impression, leurs impressions en couleurs, font de ces produits des modèles réels de typographie.

A ce genre se rattache l'impression des affiches, qui se fait maintenant sur des proportions gigantesques, et dont chacun de vous a pu voir de beaux spécimens aux portes du palais de l'industrie, sinon à l'intérieur.

Les affiches des chemins de fer, imprimées spécialement par MM. Paul Dupont, Napoléon Chaix et Maulde et Renou, ont une proportion sans précédents. Ces affiches comptent généralement plus de 2 mètres de haut et 1 mètre 50 cent. de large. Parmi les affiches à citer, mentionnons celle de la *Bibliothèque du Voyageur*, imprimée par M. Chaix, en rouge et en noir avec illustration, d'une hauteur de 2 mètres 10 centimètres sur 1 mètre 50 centimètres de large, et une affiche encadrée, annonçant un ouvrage de phrénologie, imprimée par M. Plon, d'une largeur de 2 mètres 20 centimètres sur 1 mètre 50 centimètres de haut.

Nous avons enfin épuisé la nomenclature des spécialités si variées de l'art typographique ; il ne nous reste plus à vous entretenir que de quelques raretés, curiosités ou singularités typographiques que nous avons rencontrées à l'Exposition française.

A ce titre, nous vous signalerons deux ouvrages hors ligne. D'abord un bel exemplaire unique de *La Touraine*, tiré à la presse mécanique, sur peau de vélin ou parchemin de premier choix. Pour juger de la valeur de ce volume, il suffit de vous faire observer que le parchemin vélin employé pour son tirage a coûté seul plus de huit cents francs. Vient ensuite un exemplaire du *Voyage sentimental de Sterne*, publié par M. Ernest Bourdin, et imprimé en noir sur satin blanc par M. Lacrampe. Cet exemplaire a été tiré en blanc sur des feuilles séparées, qui ont été réunies ensemble au moyen d'une feuille de papier végétal.

Nous avons déjà parlé d'une reproduction intelligente de la charmante édition d'*Horace*, donnée en 1676 par les Elzevir, imprimée en noir et en rouge, avec tout le fini possible, par MM. Firmin Didot, qui l'ont enrichie de vignettes et de dessins à l'antique. Le texte, imprimé en caractères de six points, est encadré de notes en caractères de quatre points et demi.

MM. Plon et Meyer ont imprimé, dans le format in-144, dit édition mignardise, en caractères microscopiques, gravés et fondus sur corps de trois points par MM. Laurent et de Berny, le premier un *La Fontaine*, le second un *Gresset*, qui sont de petites merveilles.

Nous citerons encore un *Recueil d'inscriptions antiques de Lyon*, imprimé en caractères augustaux ou types du XVIe siècle, par M. Perrin, de Lyon; les *OEuvres inédites de Ronsard*, imprimées en caractères augustaux par MM. Bonaventure et Ducessois; *les Contes de la reine de Navarre*, imprimés en caractères archaïques ou vieux types, par M. Lahure; un *Petit Dictionnaire français* de Napoléon Landais, première édition galvanoplastique, imprimée par M. Gratiot, sur clichés en cuivre obtenus par la galvanoplastie, à l'aide de la gutta-percha, par les soins de M. Michel; un *Catalogue des produits de la maison Meunier*, imprimé par M. Plon et représentant les produits divers de cet industriel, lampes, vases, balances, etc., en couleurs, en or, en bronze, imitant le marbre, le verre et les différents métaux ; les reproductions, par un procédé lithographique, de livres, manuscrits, etc., faites par MM. Dupont, de Paris, et Barbet, de Châlons-sur-Marne ; enfin la *Législation de la propriété littéraire*, imprimée en or et en couleurs par M. Delalain, imprimeur-libraire, dont les soins apportés à la publication des livres classiques, qui sont la spécialité de sa librairie, et leur excellente exécution typographique, lui ont mérité une médaille de deuxième classe.

Comme curiosité, et tout au moins comme production excentrique se rattachant à la typographie, nous devons mentionner le plan et le modèle en miniature de la belle imprimerie centrale des chemins de fer, créée et dirigée par M. Napoléon Chaix. Rien de plus intéressant à voir que ce panorama typographique, dont toutes les parties ont été exécutées avec une grande perfection. Aucun détail n'y manquait : on y voyait d'une manière distincte tout le matériel dont se compose une grande imprimerie, presses mécaniques, presses à bras, casses de caractères, marbres de corrections, machines à vapeur, etc., et tout cela animé par la représentation des divers ouvriers composant le personnel de l'atelier avec leurs costumes traditionnels.

En résumant les récompenses accordées à la typographie, on trouve 3 grandes médailles d'honneur, 3 médailles d'honneur, 34 médailles de première classe, 64 médailles de deuxième classe, 38 mentions honorables, indépendamment de 5 décorations de la Légion-d'Honneur et d'une concession de rentes sur l'Etat. Sur ce nombre, la France a obtenu 2 grandes médailles d'honneur, 3 médailles d'honneur, 13 médailles de première classe, 38 médailles de deuxième classe, 22 mentions honorables, 4 décorations et un titre de rentes. Pour la première fois, des récompenses ont été accordées aux coopérateurs, contre-maîtres et ouvriers qui, par leur intelligence et leur capacité, ont contribué à la bonne exécution des produits exposés. On ne saurait trop applaudir à une aussi heureuse innovation.

Des moyens d'exécuter l'impression.

Le berceau de la presse est enveloppé d'autant de nuages que celui de l'invention des types. Qu'était la presse dont se servait Guttemberg? Celles dont se servaient les Alde, les Estienne et les Elzevir nous semblent aujourd'hui bien imparfaites; celle-là même, bien plus récente, avec laquelle Pierre Didot imprima le livre qui fut déclaré le chef-d'œuvre de la typographie de tous les âges, trouverait place avec peine dans les ateliers de nos grands typographes.

Une pression, quelle qu'elle soit, opère l'impression. On obtient des épreuves très lisibles avec une brosse molle, un rouleau recouvert de molleton; une petite planche de sapin, qu'on promène sur la composition en frappant un peu fortement avec un marteau; le couvercle d'une boîte, dont les rebords ont à l'intérieur la hauteur du caractère que l'on place dans cette boîte. Les épreuves ainsi obtenues sont lisibles, avons-nous dit; mais de là aux épreuves de luxe il y a une immense échelle à parcourir, dont le mérite revient en partie à l'instrument dont on se sert, et le reste au talent de l'ouvrier. Pourvu qu'une presse fonctionne, l'ouvrier habile parviendra à annihiler les défauts de précision, et à produire des épreuves très convenables. Ce sera alors une question de temps et d'économie.

La presse de nos pères était faite toute en bois. Puis on l'améliora en se servant d'une vis en fer. La platine qui produisait la pression était ramenée à sa position par l'élasticité de feuilles de carton ou de morceaux de feutre. Cette platine, de la grandeur d'une demi-feuille de papier carré, exigeait qu'on pressât deux fois pour imprimer la feuille entière. Il n'y a pas plus de quarante ans que les presses des ateliers typographiques de Paris étaient, pour le plus grand nombre, des presses en bois à deux coups. On tirait vanité d'avoir une presse à un coup. C'est vers 1815 que parurent les presses en fer inventées par Lord Stanhope.

Les balles ou tampons furent remplacés par des rouleaux en gélatine. La description d'une *balle* ou *tampon* trouverait peut-être ici sa place. Elle se composait d'un cône creux en bois, dont la base circulaire avait environ 20 centimètres de diamètre, et sa hauteur n'en n'avait pas plus de 5. Au sommet s'adaptait un manche. On remplissait le cône avec de la laine, que l'on pressait vers le sommet, et qu'on laissait déborder de quelques centimètres. L'imprimeur (car c'était l'ouvrier imprimeur lui-même qui devait préparer ses balles) avait corroyé deux peaux de chien, taillées à la grandeur voulue ; il plaçait la plus mauvaise, celle qui, ayant déjà servi, était plus ou moins éraillée, sur la laine, et il clouait avec des broquettes cette première peau sur le cône en bois ; après quoi il clouait également la seconde peau, qui devait être exempte d'imperfections, sous peine de produire un mauvais travail ; le soir, il démontait ses balles, après avoir ratissé et lavé ses peaux, qu'il mettait dans l'eau ; et le lendemain il fallait remonter les balles. La gelée et la trop grande chaleur étaient également nuisibles aux balles, qui d'ailleurs se corrompaient par l'usage et exhalaient en tout temps une odeur infecte. L'ouvrier broyait son encre avec une palette sur une planche bien rabotée ou sur un marbre. Il en attirait une portion en avant et en prenait avec chaque balle ; il frottait ensuite ses deux balles l'une sur l'autre, afin de bien étendre également l'encre sur les peaux. Alors il frappait à coups redoublés sur la forme des caractères, et son talent consistait à encrer sa forme uniformément à la teinte voulue. La peau des mains de ces ouvriers était toute crevassée, jusqu'à ce qu'elle eût acquis la dureté de la corne. C'est avec de semblables presses et ce mode d'encrage que j'exécutai, en 1820, mes premières impressions. En 1821, l'usage des rouleaux s'introduisit à Paris, et cela me permit, avec des presses à un coup, *dites alors agiles*, et des ouvriers *habiles*, de tirer 500 exemplaires à l'heure sur le journal du soir *l'Etoile*, dont le format était du petit papier *couronne*, en employant deux presses, une pour chaque face du papier, afin d'obtenir ce merveilleux résultat.

Ce fut l'invention des rouleaux pour encrer les formes qui donna naissance aux presses mécaniques, que l'on vit en effet surgir en Angleterre et en Allemagne, d'où elles arrivèrent bientôt en France. Et aujourd'hui nos enfants, qui voient chez M. Serrière quatre presses mécaniques Marinoni, à quatre étages, tirer en une heure quarante mille exemplaires d'un journal d'une surface quatre fois plus grande que celle du journal *l'Etoile*, rient de la pauvreté de nos moyens d'exécution d'alors, et ont peine à comprendre comment nous pouvions vivre.

La presse mécanique actuelle à pression circulaire est fatale aux caractères, et, dès lors, aux bénéfices des imprimeurs, car les caractères sont les objets les plus coûteux. La pression circulaire se décompose en deux forces : l'une perpendiculaire à la forme qu'il s'agit d'imprimer, l'autre dans le sens de la surface de cette forme. La première décomposante est la seule utile à l'impression, et l'autre exerce sa puissance malfaisante en étalant cette surface, c'est-à-dire en altérant la finesse de la gravure, et même en cassant les lettres placées aux bords des pages et mal protégées par la garniture.

Ce serait donc vers les machines à platines et à pression verticale que devraient tendre les efforts des mécaniciens, et nous eussions aussi voulu que le jury des récompenses eût distingué les essais exposés sous ce rapport dans le Palais de l'industrie par MM. P. Dupont et Derniame, dont la machine à platine marchait à la vapeur, et par M. Charpentier, qui a exposé un modèle sur une petite échelle. Mais on comprend qu'avec ce mode de pression on ne pourra jamais atteindre le gigantesque résultat des presses à cylindres et à quatre et six étages de margeurs. C'est donc vers les presses à bras à toucheur mécanique que de nouveaux essais devraient être tentés. Nous avons vu en 1837, à l'exposition annuelle, une presse Selligue à double train, à pression verticale et à touche mécanique. Mais M. Selligue est mort, et sa presse n'a plus figuré en 1855. MM. Paul Dupont et Derniame ont encore exposé une presse à bras avec laquelle la touche se fait mécaniquement. Si ces machines laissent quelque chose à désirer, il eût été bien néanmoins de récompenser leurs inventions pour servir d'encouragement à eux-mêmes, ou à d'autres, à suivre cette voie.

Je citerai encore un nom, celui de M. Bernard, imprimeur à Montbrison ; celui-ci a exposé une presse à bras sur l'échelle d'un tiers. Dans une multitude de petites villes de départements un imprimeur est nécessaire, mais les presses mécaniques sont absolument inutiles à ces industriels. Aussi grand nombre d'entre eux n'ont-ils encore que les anciennes presses en bois. M. Bernard s'est proposé de supprimer à peu de frais le mode sauvage du renvoi de la platine à sa position première, après la pression, par des morceaux de carton ou de vieux feutres, et de remplacer les deux sommiers supérieurs en bois par un seul sommier en fer portant l'écrou ; puis de faire remonter la platine par un contre-poids. Avec une dépense de 50 à 60 francs, pour la façon de quelques pièces de fer forgé que tous les forgerons pourraient parfaitement confectionner, les imprimeurs des départements verraient des instruments, qu'ils ne regardent aujourd'hui que comme bons à brûler, reprendre une valeur réelle, et cette transformation leur procurerait l'économie de l'achat de nouvelles presses, qu'ils devront infailliblement, sans cela, faire tôt ou tard. Il y avait là une bonne pensée à récompenser.

Je m'abstiendrai de vous développer les différents systèmes de presses mécaniques, les moyens ingénieux de transmission des forces, des changements de direction des mouvements, d'accélération, de précision, etc. La commission chargée parmi vous de la sixième classe de l'exposition vous donnera des détails précis sur cette matière, que je n'ose me permettre d'aborder.

7766 — Paris, imprimerie Guiraudet et Jouaust, rue Saint-Honoré, 338.

www.ingramcontent.com/pod-product-compliance
Ingram Content Group UK Ltd.
Pitfield, Milton Keynes, MK11 3LW, UK
UKHW022126070726
13613UKWH00003B/1256